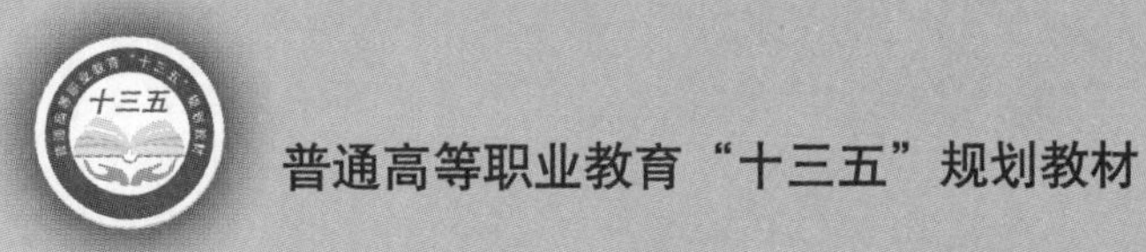

普通高等职业教育“十三五”规划教材

21 世纪高职高专规划教材 ◆ 金融保险系列

保险公司综合业务实训

（第二版）

BAOXIAN GONGSI ZONGHE YEWU SHIXUN

主　编　沈　琳
副主编　杨海波　杜婷婷

中国人民大学出版社
·北京·

前　言

2014 年，国务院发布了《关于加快发展现代保险服务业的若干意见》，对未来保险业发展定下目标：到 2020 年我国的保险深度要达到 5%，保险密度要达到 3 500 元。截止到 2017 年，我国保险深度为 4.4%，保险密度为 2 632 元，与目标还存在一定差距，我国保险业发展任重道远。另外，我国保险业市场竞争日益加剧，加强保险公司经营管理的科学化和规范化，已成为各个保险公司孜孜以求的主要目标。公司要发展，就要靠人才，一流的人才塑造一流的公司。因此，保险业的快速发展对保险人才的需求也越来越紧迫。近年来，高校人才培养战略开始鼓励部分院校转向应用型人才培养模式，尤其是对地方高校提出教育导向——培养熟练掌握社会生产或社会活动一线的基础知识和基本技能，服务区域经济社会发展的人才。

为了培养应用型专业人才，配合保险理论课程，我们以保险公司业务环境为蓝本编写了本教材。本教材依托保险学基本理论知识，紧扣保险公司经营管理中的展业、营销策划、投保、核保和理赔等环节，结合案例分析、业务模拟操作、模拟场景设计，培养学生对理论知识的综合运用能力以及对实务知识的实际操作能力。本教材重视实操演练，有效结合理论学习和实务操作，使学生在学习理论的同时，熟悉保险公司各业务管理部门的基本流程及操作技术，加强学生分析问题和解决问题的训练，培养学生的实际动手能力和操作能力，使其成为既有理论知识又有较强动手能力的应用型专业实务人员。

本教材一共分为五章：保险营销训练；客户资源管理；保险营销模式创新；保险的投保和核保；保险理赔。本次修订主要是在原有基础上对教材内容进行了适当调整：第一，充实部分理论内容，新增一些理论内容，如增加互联网保险；第二，更新了一些理论知识，如网站规划、网页制作、保险的投保和核保、保险理赔等内容；第三，新增一些案例，替换掉一些过时的案例。编写人员都是从事保险专业教学多年的专职教师，其中第一章和第三章由杨海波负责编写，第二章、第四章和第五章由沈琳负责编写，杜婷婷在案例写作中提供实践指导，全书由沈琳负责统稿。

本教材每章都有实训目的、实训要求、实训实施和相关知识点，并配有实战演练题，部分章节还有范例，便于学生对本章知识进行巩固。本教材适合作为各大中专院校保险学、保险实务的实训教程，也可以作为保险从业人员的培训教材。

由于编者水平有限，书中的错误和不当之处在所难免，敬请读者批评指正。

编者

目　录

第一章　保险营销训练 ······ 1

第一节　接洽客户与初次见面演练 ······ 1

第二节　电话约访演练 ······ 10

第三节　促成面谈演练 ······ 17

第四节　保险产品说明演练 ······ 27

第五节　保险产品建议书制作 ······ 34

第二章　客户资源管理 ······ 43

第一节　保险市场问卷调查表的制作 ······ 43

第二节　客户信息卡的建立与管理 ······ 57

第三节　保险信函书写 ······ 64

第四节　保险市场调查报告 ······ 71

第三章　保险营销模式创新 ······ 85

第一节　保险营销人员个人网站的建立 ······ 85

第二节　保险营销人员即时通信的建立 ······ 94

第三节　其他营销创新 ······ 106

第四章　保险的投保和核保 ······ 112

第一节　保险的投保 ······ 112

第二节　保险的核保 ······ 122

第五章　保险理赔 ······ 133

参考文献 ······ 149

第一章 保险营销训练

第一节 接洽客户与初次见面演练

实训目的

本次实训通过情景模拟和现场演示的方式，要求学生掌握接洽客户与初次见面的礼仪和技巧。学生通过模拟拜访接洽客户，切实与客户进行交流，掌握在接洽客户与初次见面的活动中必须具备的行为举止规范，把握好自己的角色定位，提高沟通能力，力争取得客户的信任，为迈向成功打好基础。通过演练，切实将理论知识化为实际技能，强化学生的实践能力。

实训要求

要求学生根据所给的情景内容，模拟保险行销员与客户初次见面与接洽的情景。

每 9 人为一个小组，每个小组设 1 名组长，每 3 人扮演同一角色，共分 3 种角色（保险行销员、准客户、观察员）。

确定所需扮演的角色及其职责，并于开始前明确说明各角色的职责，避免演练时有些人演得过火、有些人演得不到位。

根据情景，学生选择自己认为最合适的服装进行展示，并根据着装配合适的饰物、包袋。

每小组的表演时间为 5 分钟左右。出场顺序由抽签决定，小组内的出场顺序、队形由小组自行排定。

本实训以考察学生对接洽客户与初次见面相关知识和技巧的理解和应用为主。训练后学生要学会初次见面的相关礼仪，掌握接洽的技巧。

本实训采用现场点评的方式，教师对学生表现的优劣要现场评定，以加深学生印象。最后评出“最佳接洽客户保险行销员”若干名。

一、接洽前的准备

与客户第一次面对面地沟通，有效地接洽客户，是销售迈向成功的第一步。只有做好充分的准备，初次洽谈才能取得成功。那么，如何成功进行初次见面和洽谈呢？

初次与客户见面，尤其是第一次上门拜访客户，客户对行销员难免存在一点儿戒心，不容易放松心情，因此保险行销员一定要特别重视自己留给客户的第一印象，良好的第一印象可以为你今后的成功打下坚实的基础。

外部形象：行销员的服饰、言谈举止乃至行为动作都力求自然，保持良好的仪容仪表。

控制情绪：行销员要调整好心态，学会控制自己的情绪，保持良好的心理状态。

诚恳态度：行销员要切实为客户着想，让客户感受到行销员的真诚。

自信心理：行销员要相信自己的能力，对自己充满信心。

接触是促成交易的重要一步，对于保险行销员来说，拜访接触是奠定成功的基石。行销员在拜访客户之前，就要为成功奠定良好的基础。

1. 计划准备

（1）计划目的：由于保险销售很难一次成功，一般都是连续性的销售，所以初次上门拜访的目的就是推销自己而不是保险产品。

（2）计划任务：保险行销员的初次拜访的任务就是在短时间内打开客户的心扉，拉近自己和客户的距离，把自己从陌生人变成熟人，甚至朋友。

（3）计划路线：保险行销员要统一安排好工作，合理利用时间，做好路线规划，选择比较合理的计划路线来进行拜访，提高拜访效率。

（4）计划开场白：最大的难题就是如何进行开场白，好的开始是成功的一半，对开场白应该做充分的准备。

2. 外部准备

（1）仪表准备：行销员的形象和销售成功与否有密切关系。与客户初次见面洽谈，要选择合适得体的服装，以体现自己的良好形象。通过良好的个人形象赢得顾客的好感，留下良好印象。如果知道客户对着装的喜好，可以根据客户的喜好选择服饰。如果不太了解客户的品位，最好是穿公司统一服装，让客户觉得公司很正规，值得信任。

一般来讲，男士上身穿公司统一上装，戴公司统一领带，下身穿深色西裤，脚穿黑色平底皮鞋，避免留长发、染发等发型问题，不佩戴任何饰品。女士上身穿公司统一上装，下身穿深色西裤或裙子，脚穿黑色皮鞋，避免散发、染发等发型问题，不佩戴任何饰品。

（2）工具与资料准备：除了良好的仪容仪表外，与销售相关的资料和工具也是一位优秀的保险行销员绝对不可缺少的战斗武器。凡是能促进销售的资料和工具，行销员都要带上。调查表明，行销员在拜访客户时，利用销售工具，可以降低50%的劳动成本，提高10%的成功率，提高100%的销售质量！销售工具包括产品说明书、企业宣传资料、名片、计算器、笔记本、钢笔、价格表、宣传品等。

（3）时间准备：如果已经提前与顾客约好见面时间，一定要准时到达；如果初次到客户家拜访，不要到得太早，更不能迟到，到得过早会给顾客增加负担，迟到会给顾客传达“不守信用”的信息，让顾客产生不信任感，最好是提前5～7分钟到达，并且充分做好进门前的准备。

3. 内部准备

（1）信心准备：事实证明，行销员的心理素质是决定成功与否的重要原因，不仅要突出自己最好的一面，让自己人见人爱，还要保持积极乐观的心态。

（2）知识准备：初次拜访最重要的是要制造机会，方法就是提出对方关心的话题。保险行销员要知识丰富，对当前的热点问题、保险知识等都要了解，有所准备，提出客户感兴趣的问题。

（3）拒绝准备：遭到拒绝是非常正常的事情，在接触陌生人的初期，每个人都会产生本能的抗拒，想办法找一个借口来拒绝你，这并不是真正厌恶你。行销员要有被拒绝的准备。

（4）微笑准备：真诚的微笑能融化冰霜，如果你希望别人怎样对待你，你首先就要怎样对待别人。

二、接洽的步骤

1. 自我介绍，道明来意

初次与人见面，行销员必须掌握自我介绍的艺术。一位外国心理学家曾经提出过自我介绍的“五要”，不妨对照检查一下。

（1）要确定而充满信心。

一般人对于自信的人，都会另眼相看。如果有自信心，对方会产生好感。相反，如果畏怯和紧张，可能会使对方产生异样的反应，使彼此之间的沟通产生阻隔。

（2）要预先准备。

在公共交际场合中，如果行销员想认识某一个人，最好预先获得一些有关他的资料，诸如性格、特长及个人兴趣。如果有了这些资料，在自我介绍之后，便容易交谈，使关系融洽。

（3）要热诚表示自己渴望认识对方。

任何人都会觉得能够被人渴望结识是一种荣幸。如果态度热诚，所得到的反应也会热烈。

（4）妥善地用眼神表达友善、关怀及渴望沟通的心情。

（5）要复述对方的姓名。

在获知对方的姓名之后，不妨马上重复一次，因为每个人都乐意听到自己的名字，这使他有自豪感和满足感。

2. 建立良好的氛围

要建立良好的氛围就一定要学会寒暄并赞美对方。

（1）寒暄。

寒暄是什么意思？寒暄说白了就是问候与应酬。寒暄语是自我推销和人际交往时与对方开始沟通和交流的最常用的口才方法。

1）寒暄的好处有哪些？

寒暄可以缓解彼此的紧张情绪；建立良好的第一印象；消除客户的戒备心理；创造销售的面谈机会。

2）如何进行寒暄？

首先明确寒暄的话题，寒暄的内容可以是多方面的。我们尽量把话题引到客户感兴趣的话题上去。最常用的是问客户的家乡是哪里，有什么风土人情；客户是否经常旅游以及旅游过程中的见闻；客户的爱好；等等。当然这也需要行销员有广泛的兴趣爱好以及很广的知识面，如果这些方面不足，就应该经常去充电。

其次掌握寒暄的要领，要注意询问，问客户感兴趣的话题，关心他的近况；注意聆听，专心倾听，做忠实的听众；少说话，尽可能地让对方多说话；注意观察，仔细观察客户的表情神态。

（2）赞美。

1）赞美的好处有哪些？

赞美是开启客户心扉的钥匙。赞美是一种最低成本、最高回报的人际交往法宝。赞美贯穿在整个销售流程中，要时时处处寻找客户的赞美点。赞美可以让第一次接触的紧张心情放松下来；可以解除客户的戒备心；建立信任关系，拉近彼此的距离。

2）如何进行赞美？

首先寻找赞美点。学会寻找赞美点非常重要，只有找到对方贴切的闪光点，才能使赞美显得真诚，而不虚伪。赞美点通常有如下一些：a. 外在的、具体的，如穿着打扮（领带、手表、眼镜、鞋子等）、头发、身材、皮肤、眼睛、眉毛等。b. 内在的、抽象的，如品格、作风、气质、学历、经验、气量、心胸、兴趣爱好、特长、做的事情、处理问题的能力等。

其次要掌握赞美的要领。

a. 赞美必须要真诚，这是赞美的先决条件。只有名副其实、发自内心的赞美，才能显示出它的功效、它的魅力。第一，赞美的内容应该是对方切实拥有的、真实的，而不是无中生有，更不能将别人的缺陷、不足作为赞美的对象。比如，对一个满脸痘痘的人，夸他："你的皮肤真好，好光滑啊！"或对一个眼睛小的人说："你的眼睛可真大啊！"这样的赞美只会适得其反，不但不会让对方开心，反而会让对方感到气愤，甚而造成彼此间的隔阂与误解。第二，赞美要真正发自肺腑，情真意切。虚假敷衍的赞美是有害无益的，让人觉得不真诚，会招来别人的厌恶，使人反感。

b. 赞美要适时。赞美要认真把握时机，恰到好处的赞美是十分重要的。一是当你发现对方有值得赞美的地方，就要抓住时机，及时大胆地赞美对方。二是当别人取得成功的时候，及时地进行赞美，如评上先进、职位晋升、受到奖励、孩子考上好大学等。这时，被赞美的人一定心花怒放，其欣喜之情可想而知。

c. 赞美要适度。赞美要把握好尺度，赞美尺度掌握得如何往往直接影响赞美的效果。恰如其分的赞美才是正确的赞美。使用过多的华丽辞藻，过度的恭维、空洞的吹捧，只会

使对方感到不舒服、不自在，甚至难受、肉麻、厌恶，其结果只能适得其反。

老师可以组织学生做个游戏：让一部分学生逐一作为被赞美者，让另一部分学生向被赞美者依次说一句发自内心的赞美，赞美内容不可重复。

游戏结束后请参与游戏的学生回答：作为被赞美者，在接受赞美时的内心感受如何？作为赞美者，在赞美别人时的内心感受如何？

3. 唤起准客户的兴趣

可谈一些客户感兴趣的话题及与客户有关的话题，如个人、家庭、工作、兴趣爱好等。多用描述性的语言，如描述他目前的身体状况、生活的环境、工作情况、家庭状况等，让客户感觉你很了解他，比较为他着想；不断让对方说“是”或点头，创造对你表示肯定的交谈环境和氛围；较多地提问客户，尽量让对方多讲，少谈保险。

4. 建立客户信任

要建立客户的信任，迅速打开准客户的“心防”。当准客户第一次接触行销员时，他是“主观的”，也是带有“防备”心理的。“主观的”含义很多，包括对个人穿着、打扮、头发的长短甚至长相等主观上的感受，而产生喜欢或不喜欢的直觉。由于主观的切入点，使准客户对于不符合自己价值观或审美观的人有一种自然的抗拒心理。“防备”心理是指由于人们对不太熟悉的人都会产生一种本能的提防感，所以无形中就在准客户和行销员之间筑起了一道防卫的墙。

因此，只有在你能迅速地打开准客户的“心防”后，客户才能敞开心胸，用心听你说话。打开客户“心防”的基本途径是：(1) 让客户产生信任；(2) 引起客户的注意；(3) 引起客户的兴趣。

初访时不必谈保险，等对方对你信任加深以后，话题逐步加深。正如资深保险人所说：“做保险就是交朋友。平时注意资料收集，推销生活化，即使早上去买肉的时候，也不忘收集其个人资料。”

5. 约定下次见面

当取得客户的信任后，表达此行的目的，并约定下次见面的时间。如果准客户答应下次再见时，行销员一定要用“二择一”法确定下次见面的时间。如“您看，我们是本周末下午两点还是下周一上午十点钟见面好呢?”当准客户确定下次见面时间后，行销员一定要立刻记在准备好的本子上。

6. 告别

当拜访结束时，要有礼貌地告别，并向对方表示感谢，给准客户留下一个好印象。

7. 资料的整理

回去以后要将接洽过程中获取的信息资料进行分类整理，为下次拜访做好准备。如客户个人及其家属的基本资料；资产负债以及收入状况；子女的教育需求；投资理财习惯；保险观念；医疗、养老保险及其他福利情况；对家人的爱心和责任感强弱度；个人兴趣、休闲习惯；等等。

三、接洽的注意事项

1. 接洽的时间不宜过长

时间：只需3～5分钟，不宜过长，给对方初步建立印象。

话题：最好不要谈保险，多聊些对方的情况。

2. 将准备说的话说完，但不要给太多的资料

先简单介绍一下保险险种、承保事项，不宜多说，以便给第二次接洽留下机会。

3. 接洽过程中要注意倾听

倾听就是凭借听觉器官接收言语信息，进而通过思维活动达到认知、理解的全过程。倾听的过程中要体察对方的感觉，注意信息反馈，及时查证自己是否了解对方。行销员不妨这样说："不知我是否了解了你的话，你的意思是……"一旦确定了对他的了解，就要进入积极实际的帮助和建议。要抓住主要意思，不要被个别枝节所吸引。善于倾听的人总是注意分析哪些内容是主要的、哪些内容是次要的，以便抓住事实背后的主要意思，避免造成误解。

4. 行为举止需得体

与客户接洽时既要做到不自以为是，又要做到不卑不亢。

5. 沟通态度显真诚

真诚相处，用心交流。为人真诚是拥有好人缘的基础，也是赢得信任的保证。只有交心，才能让人感到你的真诚；只有交心，才能换得对方的真诚。在与客户交流的过程中一定要诚恳，切实从客户角度出发。

相关知识点

一、着装礼仪

1. 男职员

男职员在仪表方面应注意的事项如图 1-1 所示。

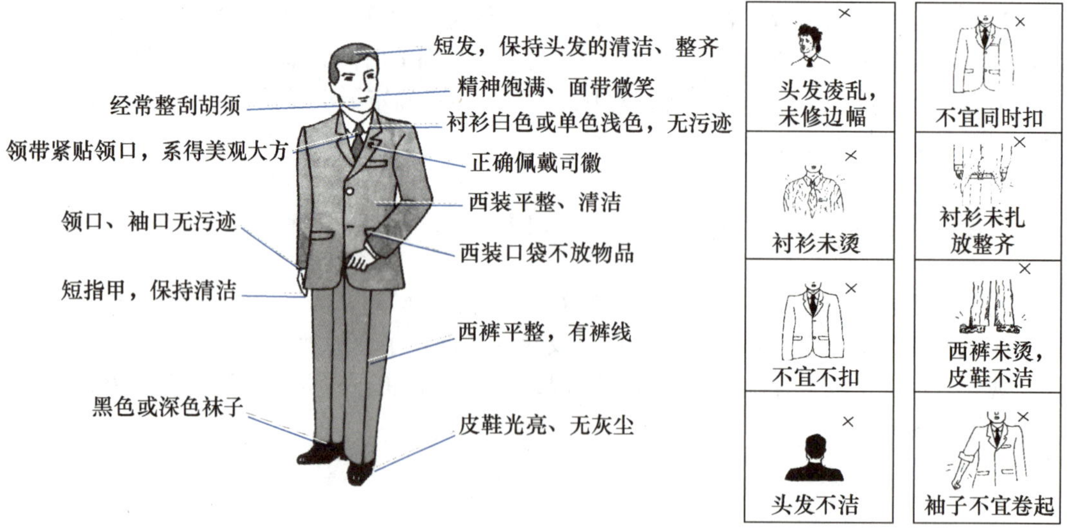

图 1-1　男职员礼仪事项

2. 女职员

女职员在仪表方面应注意的事项如图 1-2 所示。

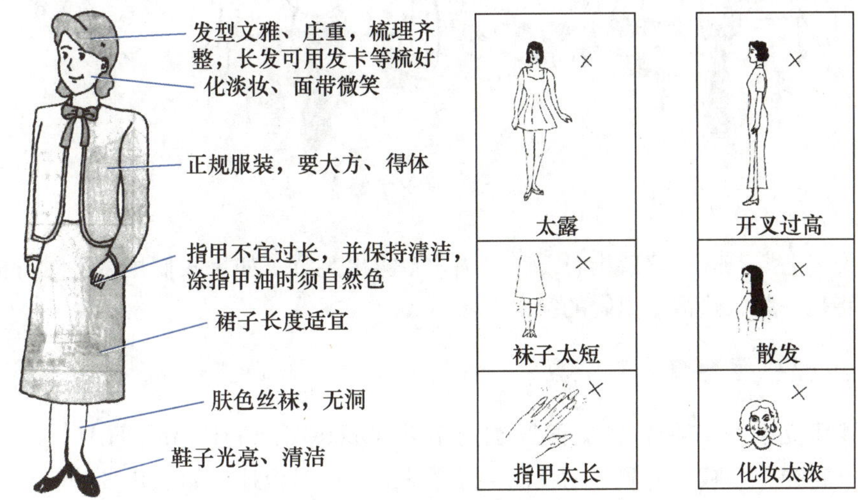

图 1-2　女职员礼仪事项

二、微笑

人与人相识，第一印象往往是在前几秒钟形成的，而要改变它，却需付出很长时间的努力。良好的第一印象来源于人的仪表谈吐，但更重要的是取决于他的表情。微笑则是表情中最能赋予人好感，增加友善和沟通，愉悦心情的表现方式。一个微笑的人，必能体现出他的热情、修养和魅力，从而得到别人的信任和尊重。几种训练微笑的方式如图 1-3、图 1-4、图 1-5 所示。

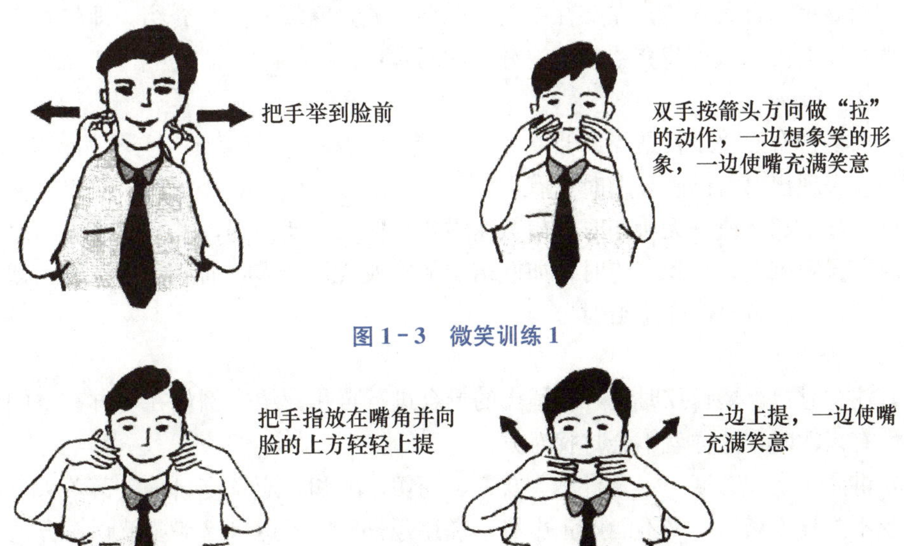

图 1-3　微笑训练 1

图 1-4　微笑训练 2

图 1-5　微笑训练 3

人在说“七”“茄子”“威士忌”时，嘴角会露出笑意。如果我们用微笑对待他人，得到的也必将是一张张热情、温馨的笑脸①。

三、见面打招呼有礼有节

《90 秒建立职场人脉》将见面归纳为五步 Open—Eye—Beam—Hi！—Lean，即敞开—眼睛—目光—寒暄—前倾，在我们实际生活交往中对应地有如下几步：

（1）敞开你的心胸真诚待人，只要是发自内心的真诚，别人一定能感觉到。

（2）眼睛一定要注视对方。

（3）目光要热情、真诚，他人会从你的目光里感到你的诚意。

（4）语调一定要热情、愉快，让人感到你能认识他很高兴，言由心生。

（5）握手的同时身体微微前倾，握手应稍微用力，表示你的主动和诚恳。

四、初次见面自我介绍的礼仪详解

在人际交往中如能正确地利用介绍，不仅可以扩大自己的交际范围，广交朋友，而且有助于自我展示、自我宣传，在交往中消除误会，减少麻烦。自我介绍，即将本人介绍给他人。从礼仪上讲，做自我介绍时应注意下述问题：

1. 自我介绍的时机

在下面场合有必要进行适当的自我介绍：应试求学时；在交往中与不相识者相处时；有不相识者表现出对自己感兴趣时；有不相识者要求自己做自我介绍时；有求于人，而对方对自己不甚了解，或一无所知时；旅行途中，与他人不期而遇，并且有必要与之建立临时接触时；自我推荐、自我宣传时；如欲结识某些人或某个人，而又无人引见，即可向对方自报家门，自己将自己介绍给对方。

2. 自我介绍的注意事项

（1）注意时机。要抓住时机，在适当的场合进行自我介绍，例如在对方有空闲而且情绪较好又有兴趣时，这样就不会打扰对方。

（2）讲究态度。态度一定要自然、友善、亲切、随和，应镇定自信、落落大方、彬彬有礼。既不能唯唯诺诺，又不能虚张声势，轻浮夸张，应表达自己渴望认识对方的真诚情

① 参见平安保险礼仪培训教材。

感。任何人都以被他人重视为荣，如果你态度热忱，对方也会热忱。语气要自然，语速要正常，语音要清晰。在自我介绍时镇定自若，潇洒大方，可给人以好感；相反，如果你流露出畏怯和紧张，结结巴巴，目光不定，面红耳赤，手忙脚乱，则会为他人所轻视，彼此间的沟通便有了阻隔。

(3) 注意时间。自我介绍要言简意赅，尽可能地节省时间，以半分钟左右为佳。不宜超过1分钟，而且越短越好。话说得多了，不仅显得啰唆，而且交往对象也未必记得住。为了节省时间，做自我介绍时，还可利用名片、介绍信加以辅助。

(4) 注意内容。自我介绍的内容包括3项基本要素：本人的姓名、供职的单位以及具体部门、担任的职务和所从事的具体工作。这3项要素，在做自我介绍时，应一气连续报出，这样既有助于给人以完整的印象，又可以节省时间，不说废话。要真实诚恳、实事求是，不可自吹自擂、夸大其词。

(5) 注意方法。进行自我介绍，应先向对方点头致意，得到回应后再向对方介绍自己。如果有介绍人在场，自我介绍则被视为不礼貌。应善于用眼神表达自己的友善，表达关心以及沟通的渴望。如果你想认识某人，最好预先获得一些有关他的资料或情况，诸如性格、特长及兴趣爱好。这样在自我介绍后，便很容易融洽交谈。在获得对方的姓名之后，不妨口头加重语气重复一次，因为每个人最乐意听到自己的名字。

3. 自我介绍的具体形式

(1) 应酬式：适用于某些公共场合和一般性的社交场合，这种自我介绍最为简洁，往往只包括姓名一项即可。“你好，我叫××。”或者“你好，我是××。”

(2) 工作式：适用于工作场合，它包括本人姓名、供职单位及其部门、职务或从事的具体工作等。如“你好，我叫××，是××公司的销售经理。”或者“我叫××，在××学校读书。”

(3) 交流式：适用于社交活动中，希望与交往对象进一步交流与沟通。它大体应包括介绍者的姓名、工作、籍贯、学历、兴趣及与交往对象的某些熟人的关系。如“你好，我叫××，在××工作。我是××的同学，都是××人。”

(4) 礼仪式：适用于讲座、报告、演出、庆典、仪式等一些正规而隆重的场合。包括姓名、单位、职务等，同时还应加入一些适当的谦辞、敬辞。如“各位来宾，大家好！我叫××，是××学校的学生。我代表学校全体学生欢迎大家光临我校，希望大家……”

(5) 问答式：适用于应试、应聘和公务交往。问答式的自我介绍，应该是有问必答，问什么就答什么。

实战演练

情景：李明是某保险公司的行销员，本周末和客户约好在客户家里见面。该客户是苏州某高校的教师，男，33岁。

根据提供的情景，按照步骤演示初次见面和接洽的过程。

第二节 电话约访演练

实训目的

电话约访是拜访客户、争取面谈的重要前提之一。无论是开拓客户，还是对客户进行销售，行销员都必须和客户进行面对面的拜访和接触。在每次对客户进行拜访前，一定要和客户打电话进行预约，取得面谈的机会。否则贸然登门拜访将是极不礼貌的行为，会引起客户的反感，对自己的销售产生难以预料的后果。本次实训通过情景模拟和现场演示方式，要求学生了解电话约访的原则，让学生掌握电话约访的技巧，运用标准的电话约访的话术，掌握 4 种以上电话约访的拒绝处理话术，完成电话约访。通过本次实训学生要能够知道如何进行电话约访，并能进行有效的电话约访。

实训要求

要求学生掌握电话约访的目的、4 种以上电话约访的拒绝处理话术、打电话的礼仪。

要求学生根据情景内容，模拟保险行销员与客户电话约访情景（情景见实战演练）。

要求学生从真实角色的角度出发，情景要逼真，既要讲究语言又要符合礼仪，还要注意接、打电话的程序。

根据情景内容学生确定所需扮演的角色及其职责，并于开始前明确说明各角色的职责，避免演练时有些人演得过火，有些人演得不到位。

每 9 人为一个小组，每个小组设组长 1 名，每 3 人扮演同一角色，共分 3 种角色（客户、行销员和观察员）。每小组表演时间为 5 分钟左右。出场顺序由抽签决定，小组内的出场顺序由小组自行排定。

本实训以考察学生对电话约访的应用为主。训练后要让学生掌握电话约访的技巧，运用标准的电话约访的话术，进行有效的电话约访。

本实训应采用现场点评的方式，教师对学生的设计优劣要现场评定，以加深学生印象。最后评出“最佳电话约访保险行销员”若干名。

实训实施

一、电话约访的时机

电话约访的时机有：接收保单后初次约访；续期收费（现金或转账）；生存金领取；红利通知书；保单年度体检；新产品推介；资讯汇报（公司或其他）。

二、电话约访前的准备

1. 客户方面的准备

查阅相关资料，弄清客户的信息，如家庭情况及工作背景、客户性格及爱好、客户生活习惯等。

2. 自身方面的准备

熟悉电话约访的话术；准备好笔和笔记本，随时准备记录；选择好电话约访的时间；选择安静的环境，避免周围环境太嘈杂；放松心情，保持良好的心态，要微笑服务；对可能出现的情况做出假设并想好对策；写好提纲，列出通话时要告诉客户的内容；有条件的话可以进行电话录音。

三、电话约访流程

作为一个专业的保险行销员，进行电话约访应该有一个相对固定的流程，以确保达到自己电话约访的目的。

1. 问好并介绍自己

要有礼貌地问候对方，并介绍自己。

——行销员：“请问一下，王小姐在吗?”客户：“我就是，有什么事吗?”行销员：“您好，我是××保险公司的寿险顾问，我叫李晓明。”

2. 询问客户是否方便接听电话

有时候客户可能有事不方便接电话。如果客户不方便接电话，可以下次再打；如果方便接听则继续进行。

——客户：“有什么事吗?”行销员：“请问您现在说话方便吗？如果不方便，我等一下再打过来吧。”客户：“什么事？请讲吧!”

3. 道明来意

说明打电话的目的，要提到会给准保户带来的利益，以激发准保户的兴趣。

——“王小姐，我有一个很好的计划要与您分享，这个计划帮助了很多人，我想对您也一定有很大的好处，因此我想和您当面探讨。”

4. “二择一”法约定会面时间

与客户约定见面的时间时，行销员应该使用“二择一”法，也就是给对方两个选择，让他任选其一。事实上，不管他选哪一个，你邀约的目的都已达成。切记，不要问“你什么时候方便”，因为你得到的答案可能跟你想要的相距甚远。一般给出两个时间让客户选择。

——“不知您明天上午 10:00 方便还是下午 2:00 方便?”

5. 异议处理

通过电话与客户沟通时，由于时间短，客户很容易讲“不”，而且挂掉电话的情况时有发生。行销员应该熟练掌握电话拒绝应对话术，以免措手不及。

——客户：“我对保险不感兴趣。”行销员：“您的观点我了解，在您还没有了解产品以前，我不敢要求您有兴趣，我们只是要你参考一下，没有要求你马上买的意思，再说您听一听也多一个常识，我多讲一次，也多一些本事。希望能有幸和您见面。”客户：“那就明天上午 10:00 到我家里来吧。”

6. 重申会面时间并结束对话

结束前，要将所谈之事总结一下，确认双方沟通无误；并且感谢客户给你这次机会，如有必要则约定下次服务时间。

——“好的，那就明天上午10:00，在您家里，我们准时见面。”（注意：最后要让对方先挂电话。）

四、电话约访的注意事项

1. 目的明确

电话约访可以实现下面的目的：(1) 邀约见面，确认见面的时间和地点；(2) 争取一次上门服务的机会；(3) 给客户留下一个专业而亲切的初步印象；(4) 迅速掌握资讯，节省时间。电话约访的目的就是要争取面谈，得到见面的机会，要强调见面的重要性和必要性，不要在电话里谈保险。

2. 语言方面

(1) 语言要简洁，层次要分明，表达要清晰。要尽量简明扼要，突出主题；不要拐弯抹角，词不达意。

(2) 提高提问和听话的能力。通过提问去引导你们的电话访谈，在听取准客户回答时正确领会客户的意图，包括话外音。

(3) 语气要热忱而有自信，用词要准确恰当。

(4) 声音适中，声音柔和，节奏放缓。

(5) 肢体语言要放松自然，可以想象场景。

(6) 微笑，说话时要面带微笑，感染客户。

(7) 语速要自然适中，不能太急促，也不能太缓慢，可以反复训练，运用自然。

3. 把握好通话时间

通话时间不要太长，原则上3～5分钟完成。如果你的电话可能要持续一段时间，要告诉对方打电话的原因，并询问对方是否方便。

4. 做好记录

电话约访时，一定要做好记录。用左手握话筒，右手执笔做记录。

5. 勿触犯禁忌

(1) 不要出言不逊。说话要有礼貌，不可冒犯对方，制造对立。

(2) 不要过分恭维对方。太多的恭维，会使对方产生抵触心理，结果适得其反。

(3) 不要语言含糊。通话时要主题突出，简单明了，不可语言模糊，东拉西扯。

一、电话约访的技巧及方法

1. 保持微笑

让自己处于微笑状态，微笑地说话，声音也会传递出很愉悦的感觉，客户听到后自然也会变得亲切。

2. 适中的音量与速度

音量与速度要协调。人与人见面时，都会有所谓的“磁场”，在电话之中当然也有电话磁场，一旦行销人员与客户的磁场吻合，谈起话来就顺畅多了。为了了解对方的电话磁场，建议在谈话之初，采取适中的音量与速度，等辨出对方的特质后，再调整自己的音量与速度，让客户觉得你和他是同一条战线上的。

3. 判别客户形象

判别通话者的形象，增进彼此互动。从对方的语调中，可以简单判别通话者的形象，讲话速度快的人是视觉型的人；讲话速度中等的人是听觉型的人；而讲话速度慢的人是感觉型的人。业务人员可以在判别形象之后，再给对方适当的建议。

4. 表明不会占用太多时间

表明不会占用太多时间，简单说明“耽误您两分钟好吗?”为了让对方愿意继续接听这通电话，最常用的方法就是请对方给你两分钟，而一般人听到只需两分钟时，通常都会有“反正才两分钟，就听听看好了”的想法。实际上，你真的只讲两分钟吗？这得看个人的功力了！

5. 语气、语调要一致

在电话中，开场白通常是普通话，但是如果对方的反应是以方言回答，我们应该马上转成方言和对方说话，有时普通话和方言交替也是一种拉近双方距离的方法，主要目的都是要与对方站在同一个立场。

6. 善用电话开场白

好的开场白可以让对方愿意和行销人员多聊一聊，因此除了“耽误两分钟”之外，接下来该说些什么就变得十分重要，如果想多了解对方的想法，不妨用开放式问句，如：“最近推出的投资型商品，请问您有什么看法?”

7. 善用暂停与保留的技巧

什么是暂停？当业务人员需要对方给一个时间、地点的时候，就可以使用暂停的技巧。比如，当你问对方：“您喜欢上午还是下午?”说完就稍微暂停一下，让对方回答。善用暂停的技巧，可以让对方有受到尊重的感觉。至于保留，则是行销员不方便在电话中说明或者遇到难以回答的问题时所采用的方式，举例来说，当对方要求业务人员在电话中说明费率时，行销员就可以告诉对方：“这个问题我们见面谈时，当面计算给您看，比较清楚。”如此将问题保留到下一个时空，也是约访时的技巧。

8. 身体挺直、站着说话或闭上眼睛

假如一天打 20 通电话，总不能一直坐着不动吧！试着将身体挺直或站着说话，你可以发现，声音会因此变得有活力，效果也会变得更好，有时不妨闭上眼睛讲话，让自己不被外在的环境所影响。

9. 使用开放式问句，不断问问题

问客户问题，一方面可以拉长谈话时间，另一方面可以了解客户真正的想法，帮助行销员做判断。不妨用“请教您一个简单的问题”“能不能请您多谈一谈”“为何会有如此的想法”等问题鼓励客户继续说下去。

10. 即时逆转

即时逆转就是立刻顺着客户的话走，例如当客户说“我买了很多保险”时，不妨就顺着他的话说：“我就是知道您买很多保险，才打这通电话。”当客户说“我是你们公司的客户”，不妨接续：“我知道您是我们公司的好客户，所以才打这通电话。”

11. 一再强调“您自己判断”“您自己做决定”

为了让客户答应和你见面，在电话中强调“由您自己做决定”“全由您自己判断”等句子，可以让客户感觉行销员是有素质的，是不会死缠乱打的，进而提高约访概率。

12. 强调产品的功能或独特性

“这个产品很特别，必须当面谈，才能让您充分了解……”在谈话中，多强调产品很特别，再加上“由您自己做决定”，让客户愿意将他宝贵的时间给你，切记千万不要说得太繁杂或使用太多专业术语，让客户失去见面的兴趣。

13. 给予“二择一”的问题及机会

“二择一”方式能够帮助对方做选择，同时也加快对方与行销员见面的速度，比如“早上或下午拜访”“星期三或星期四见面”等问句，都是“二择一”的方式。

14. 为下一次开场做准备

当结束时，别忘了和对方说：“感谢您抽出时间”，或者告诉对方：“非常荣幸认识您。”好的结束语有助于为下一次开场做准备。

二、电话预约过程中的拒绝处理话术

1. 拒绝问题：已经买保险了

客户：对不起，我已经买过保险了。

行销员：我知道，黄先生说您很有保险观念，一定买了很多保险，不知道董先生您买的是哪一家的保险？一年缴多少保费？缴多久了？恭喜您拥有这么多保障！您是黄先生的好朋友，我们只是介绍一种刚由欧美引进的最新理财计划，希望能够提供给您了解，您不一定非得采纳，但我想提供一项新资讯给您，对您绝对没有损失，不知道您明天下午2:00或4:00哪个时间更方便呢？

[指导] 客户往往是在找一个拒绝的借口，再次坚持一下可能会出现转机，如果真的买了说明客户已经有了保险意识，提出一个新的建议也是一个新的转机。

2. 拒绝问题：不需要，不考虑，没兴趣

客户：这会浪费你的时间的，我并不感兴趣。

行销员：没关系，您是黄先生的好朋友，在您还没有了解产品以前，我不敢要求您有兴趣，我们只是请您参考一下，没有要求您马上买的意思，再说您听一听也多一个常识，我多讲一次，也多一些本事，希望有幸能和你见面，不知您明天上午10:00还是下午2:00方便？

[指导] 你的目的是当面向这位准客户介绍你的建议，然后他会决定接受或拒绝你的建议。

3. 拒绝问题：没钱

客户：我没有闲钱买保险。

行销员：董先生，您太谦虚了，您是黄先生的好朋友，有好的东西，当然要让您先知道了，我们只是请您参考一下，没有要求您马上购买的意思，您尽可放心。您看明天上午10:00或下午2:00哪个时间更方便，我去拜访您？

［指导］对于大多数人来说，如果他们看到真正需要购买的，他们会挪出其购买力的一部分来购买它。你的目的是与他当面解释你的保险计划，如果你的销售说明很精彩，你会发现他并不是像他所说的那样穷。

4. 拒绝问题：没时间

客户：非常抱歉，明天上午我很忙。

行销员：我知道，黄先生告诉我您事业做得很成功，当然很忙。所以他叮嘱我，事先打电话和您预约时间，是这样的，我本身受过专业训练，只要花20分钟，您就可以了解整个计划的内容，如果董先生明天上午很忙的话，明天下午2:00我过来拜访您。

［指导］你的目标是与准客户约定一个面谈时间。要不断地向他建议不同的时间，一直到你们约定一个会面时间为止。

5. 拒绝问题：把资料寄给我或就在电话里说吧

客户：你把资料寄给我或者现在告诉我吧。

行销员：董先生，我也很想那样做，但是在我心中的这个构想，只有在真正了解您的个人需求之后，才能发挥它的用途。而这也是为什么我想跟您当面谈一谈的原因。不知道您是明天上午10:00还是下午2:00比较方便？

［指导］你的目的是获得与准客户面对面的会谈机会。把这项计划解释清楚需要花费很长时间，而且计划内容除行销员之外的任何人都不很了解。如果你把这项计划寄给它，准客户可能会不读就把它扔掉。

6. 拒绝问题：我已没有能力购买保险

客户：保费交得不少了，不能再买了。

行销员：董先生，您以前买过保险，表示已经具备了非常好的保险观念，但是我想向您说明的这个构想，你可能没听过，而您也可以用当初投保前的心情来听，不知道您明天上午10:00还是下午2:00比较方便？

［指导］对于大多数已购买多份保险的客户来说，他们的保险需求较高，保险意识强，只要你的保险计划真正满足他们的需求，他们将会主动购买。

7. 拒绝问题：我有朋友在保险公司

客户：我的朋友就在保险公司，要买保险我找他好了。

行销员：如果您的朋友是您的保险专业服务人员，我相信他一定为您提供了很多完善的服务，但是我要向您说明的这个构想，跟您朋友的保险服务绝对没有冲突，不知道您明天上午10:00还是下午2:00比较方便？

［指导］他可能有也可能没有这个朋友。如果其他行销员没有向他示范最基本的计划有序的接触方式，那么与其他行销员相比，这会显示你的特殊能力，正能体现你的优势。

实战演练

根据下列电话约访情景，同学们分配好角色，按照步骤演示电话约访的过程。

情景（一）——陌生人

你从朋友那里找到一系列名片，其中有一位在中东股份有限公司办公室工作的客户——王成功。

职务：办公室主任　　年龄：无　　单位状况：无

经济状况：无　　同事关系：无　　工作习惯：无

拒绝问题：

1. 对保险不感兴趣　　2. 很忙，没时间　　3. 有朋友在保险公司

情景（二）——亲戚

你刚刚加盟太平洋保险公司，你的亲朋好友还不知道你从事保险工作，你准备和你的一位表哥联系。

年龄：33　　单位状况：国企　　经济状况：8 000 元/月

同事关系：良好　　工作习惯：良好

拒绝问题：

1. 对保险不信任　　2. 近期没钱　　3. 还不着急

情景（三）——同学

一天你翻开高中同学录，发现一位叫王小实的男同学，你们已经两三年没联系了，他当时在班上为人非常厚道老实，现在已在一家国企担任人事部助理的职务，听说收入还不错，同学录上有他的家庭电话，你现在准备和他联系。

年龄：30　　单位状况：国企　　经济状况：无

同事关系：良好　　家庭状况：无

拒绝问题：

1. 对保险不信任　　2. 还不着急　　3. 等国外保险公司来了再说

情景（四）——朋友

上个月你在一次朋友生日会上结识了一位男士，他在工行长安支行任职员，当时大家聊得开心，互相交换了名片，现在你准备和他联系。

年龄：35　　单位状况：银行　　经济状况：9 500 元/月

同事关系：良好　　家庭状况：三口之家

拒绝问题：

1. 快过年了，工作很忙没时间　　2. 买保险还不着急，等等再说

3. 要来就来，但是不能谈保险

情景（五）——转介绍

你的一位从小一起长大的朋友在你这里购买了 5 份分红险，在你的要求下他介绍了三位朋友给你，你准备和其中一位联系。

年龄：40　　单位状况：个体老板　　经济状况：7 000 元/月

人际关系：广泛　　家庭状况：三口之家

拒绝问题：

1. 把资料寄给我　　2. 还不着急　　3. 保险没有用

情景（六）——转介绍（可以提及老同事的名字）

你和一位老同事谈了谈保险，但他现在还不想考虑，在你的要求下他介绍了三位朋友给你，并且你询问了相应的一些资料，你准备和其中一位联系。

年龄：45　　单位状况：华远股份有限公司员工　　经济状况：8 000元/月

爱好：喜欢游泳　　家庭状况：三口之家，孩子正在上高三

拒绝问题：

1. 保险没用　　2. 还不着急　　3. 把资料寄给我

情景（七）——转介绍（不能提及客户的名字）

你的一位客户在你这里购买了重大疾病保险和健康险，在你的要求下他们介绍了三位朋友给你，但不准提及该客户的姓名，你准备和其中一位联系。

年龄：35　　单位状况：银行职员　　经济状况：7 000元/月

人际关系：一般　　家庭状况：父母健在，一妻一女

拒绝问题：

1. 我不认识你，对你不信任　　2. 已经买过保险了　　3. 没时间

情景（八）——转介绍（不可提及亲戚的名字）

你劝你的姑姑购买保险，她也初步认同，但还是想再考虑考虑，在你的要求下她介绍了三位朋友给你，但不准提及她的姓名，你准备和其中一位联系。

年龄：46　　单位状况：合资单位职工　　经济状况：7 500元/月

性别：女　　人际关系：良好　　家庭状况：一夫一女

拒绝问题：

1. 没钱　　2. 没时间　　3. 把资料寄给我

（资料来源：豆丁网。）

第三节　促成面谈演练

实训目的

促成是保险销售循环的一个重要的环节，是决定销售成功的关键。本次实训通过场景模拟、现场演示方式，要求学生掌握与客户面谈的技巧，掌握具体有效的促成方法。让学生模拟与客户的面谈，切实与客户进行交流，从而掌握在促成面谈活动中必须具备的标准举止规范，把握好自己的角色定位，提高沟通能力，力争取得客户的信任，为迈向成功打好基础。通过演练要求学生能掌握促成面谈的话术与技巧，切实将理论知识化为实际技能，增强学生的销售促成能力。

实训要求

要求学生明白促成成交的条件。

要求学生根据情景内容，模拟保险行销员与客户面谈的情景。

根据情景内容确定学生所需扮演的角色及其职责，并于开始前明确说明各角色的职责，避免演练时有些人演得过火，有些人演得不到位。

每 9 人为一个小组，每个小组设组长 1 名，每 3 人扮演同一角色，共分 3 种角色（客户、保险行销员、观察员）。

每小组表演时间 5 分钟左右。出场顺序由抽签决定，小组内的出场顺序、队形由小组自行排定。

本实训以考察学生对促成销售的技巧的理解和应用为主要目的。训练后老师要让学生掌握销售促成的技巧，运用标准的销售促成的话术，进行有效的销售促成。

本实训采用现场点评的方式，教师对学生的设计优劣要现场评定，以加深学生印象。最后评出“最佳促成访谈行销员”若干名。

实训实施

一、销售面谈的时机

当你成功地与客户接洽，取得面谈机会后，接下来的工作，就是进行促成面谈。促成面谈是整个销售循环的关键部分。在这个步骤中，你会与客户正式会面并谈及保险，客户对你、对公司和公司产品的印象，都会由此建立起来。销售面谈的成功，可以为成交打下稳固的基础，所以应把握这个时机，全力以赴，争取最佳的表现。

二、促成面谈的准备

在和客户面谈之前应充分做好以下准备：

1. 客户层面的准备

收集与分析客户资料。

（1）他的习惯是什么？

（2）他的爱好是什么？

（3）他感兴趣的话题是什么？

（4）他的需求是什么？

举例：某行销员曾一天换四次衣服去见不同的客户，原因在于客户的穿衣爱好不同。

2. 行销员的自我准备

（1）自我形象。行销员要着装得体，自然大方，保持良好的精神面貌。

（2）话题预演。对可能涉及的话题进行预演。

（3）展业工具的准备。可以准备一些小礼品送给客户。

（4）熟练掌握保险商品的内容。行销员只有自己非常熟悉要销售的产品，了解产品的特色，才能向客户解释清楚，吸引客户的眼球，激发起客户购买的欲望。

三、促成面谈的步骤

在整个销售流程中，促成面谈是关键，因为只有面谈，你才会发现客户的需求，只有发现客户的需求，你才会向他销售产品，只有销售了产品，才会赚到佣金。对保险行销员来说，促成面谈具有相对固定的流程。

1. 见面的寒暄

（1）学生要了解什么是寒暄，其主要内容是什么。

（2）老师提问学生："为什么要寒暄?"请 1～2 位学生回答。

老师总结：寒暄的目的是消除客户戒心，建立与客户的信任关系。因此，行销员在寒暄时，先要推销自己，再推销商品的使用，最后推销商品本身。

（3）寒暄的动作：1）正视对方；2）微笑；3）说"您好"；4）握手。

2. 开门

老师讲述：开门就是打开客户心中之门，寻找客户需要，捕捉购买点。开门是销售面谈中非常重要的一环，因为只有客户心中有需要，购买商品才显得有意义。

（1）怎样开门。

1）通过问话，找到开门点：

a. 问哪些话?

——问客户关心的；

——问客户了解的。

b. 问话的方式。

——终止式：只需要回答"是"或"不是"。如"您是不是了解大病保险?"这种问话方式明快简洁，但是少用为妙，因为这样的提问方式没有鼓励客户开口说话。

——开放式：开放式提问迫使客户非回答不可，如"您对保险这个行业有什么看法?"开放式提问是最正确、应用最多的问话方式。这种方法主要用于客户畅所欲言的时候，让客户表达自己的感受、态度、看法、目标、体会等。

——假想式：采用"如果"的问话方式，如"如果您要买保险，您会买什么呢?"若是用得得当，你很可能可以了解客户的想法和购买能力。

c. 五个反问句。

——你认为如何?

——你觉得怎么样?

——能不能请教你一个问题?

——不晓得……

——你知道为什么吗?

2）开门的展示说明。

老师请学生回答：开门的展示说明，可达到什么目的?

老师总结：增加客户的好奇与肯定，为关门做准备。老师强调展示说明时，要辅以展示资料。

展示说明应注意的问题：每一份资料配合一段话术；资料的重点部分宜画线条；展示时，资料摆在客户的正前方；边说边翻资料，减少空隙时间；未开门不拿出建议书。

3）开门的结尾（导入说明）。用一句话，掌握人性的特质，邀请他看计划书："陈先生，这样便宜的保险您一定感兴趣，我这里有一份计划书，您参考一下……"从展示资料下面翻出建议书。

（2）开门话术。开门范例与练习：请学生指出对话中的开门话术、赞美话术、展示说明话术、开门结尾（导入说明）话术。

（3）开门时遇到反对的处理。老师请1～2位学生回答在开门时经常遇到哪些拒绝，然后总结：

1）开门遇到的拒绝问题：a. 我已买过保险了；b. 我目前没有这个打算；c. 我有朋友在做保险。

2）处理方式：用"那没关系……"轻松带过，尝试其他购买点，若客户一直反对，表示气氛不够，须重新开始。

3. 购买点分析

老师提问：什么叫购买点？请1～2位学生回答。

老师总结：

（1）购买点就是客户购买一件东西的理由。举例：对一支笔，不同的人购买的理由不同。

（2）保险的购买点：1）储蓄；2）保障；3）其他。

（3）个人保险购买点的分析工具：1）家庭状况；2）居所属性；3）职业类别；4）财务状况。

（4）如何寻找购买点。

1）收集客户的各种资讯，对客户需求进行分析。

2）要有一套完整的话术。

常见话术举例：a. 健康话术；b. 重大疾病话术；c. 意外险话术；d. 教育子女话术；e. 家庭责任话术；f. 养老金话术。

老师提示：应对不同的客户，寻找适当的话题，才能准确把握购买点。

4. 解说建议书

（1）解说建议书需做哪些准备。

老师请1～2位学生回答，然后总结：

1）心理上的准备（将心比心）。

a. 客户为什么要买这份建议书的计划？

b. 客户为什么现在要买这份建议书的计划？

c. 为什么客户要向你买保险？

2）工具上的准备。

a. 建议书。

b. 计算器。

c. 笔。

d. 白纸。

e. 投保书。

3）背诵建议书的重点内容。

（2）怎样解说建议书。

说客户喜欢听的话，满足客户的心理需求。

老师应该强调：

1）对不同类型的客户，说明的侧重点应不同。

2）讲商品的特点，讲客户的购买利益，不只讲保障内容。

3）找到切入语，适时举例、打比喻，加深客户印象，强化购买点，去除疑惑点。

（3）解说时应注意的几个问题。

1）熟悉建议书的内容。

2）不与客户争辩。

3）简明扼要。

4）避免为自己制造问题。

5）少用专业术语。

6）使用感性语言。

5. 关门

（1）何为关门。

在销售面谈中，关门就是与客户的成交，即签约保单。

（2）促成的关键点。

1）找准关门时机。

老师请2～3位学生回答关门时机是哪些，然后总结：

a. 客户有认同表示时（从语言到身体语言观察）。

b. 双方聊得很愉快哈哈一笑时。

c. 利用被打岔之后的时机。

2）四个关门点（关门切入语）：

a. 价格。

b. 保额。

c. 交费方式。

d. 次要决定点。

（3）关门的方法。

我们知道，保险促成的目的就是能够成功地与客户签单，因此，关门在整个保险销售流程中是至关重要的。适时运用合适的促成方法，对提升关门的机会有积极作用。关门的方法有很多，这里简单列举几种。

1）直接请求成交法。这种方法是保险促成中最常用的方法之一，其目的就是直接请求客户签单。一般在以下情况下使用：客户投保倾向已经比较明确，但是还没有主动提出要求投保。

2）利益驱动法。这种方法强调给客户带来的利益，通过利益的驱动激发客户购买保险。这种利益可以是金钱上的节约或者回报，也可以是购买保险产品之后所获得的无形利益。例如："如果现在申请，您便能以较低的费率拥有保险的好处，但若以后再申请，您会因为年龄的增长而使费率提高。"这种方法可适用于所有客户。

3）风险分析法。该方法旨在通过举例或提示，让客户感受到购买保险的重要性和必要性。例如，当客户说"我现在没有足够的钱去买保险"时，就可以讲："现在您都觉得手头紧张，那将来要是遇到意外或有病发生，该怎么办呢？保险就是生活的稳定器，帮助我们规避未来的风险，平时存小钱，遇事拿大钱，这种安排不正是您所需要的吗？"这种方法非常适合那些拖延型性格的人，通过唤起其风险意识，加速其做出购买的决定。

4）推定承诺法。即假定客户已经同意购买，主动帮助客户完成购买的动作。这种动作通常是让客户做一些次要重点的选择，并不是要求他马上签单。"二择一"的技巧通常是此种方法的常用提问方式。例如"您是先保健康险还是养老险？""您看受益人是填妻子还是小孩？"这种方法一般适用于交谈氛围较好的情况。

5）以退为进法。当你面对客户使尽浑身解数还不能奏效时，你可以转而求教："××，虽然我知道我们的产品绝对适合您，但我自身能力有限，说服不了您。不过，在我告辞之前，请您指出我的不足，给我一个改进的机会好吗？"谦卑的话语往往能够缓和气氛，也可能会给你意外的收获。此类方法非常适合那些不断争辩且又迟迟不签保单的客户。

促成的方法还有很多，面对客户进行促成时，既要把握好促成的时机，又要有良好的心态准备，既能放得出，又要收得回，做到知己知彼，百战不殆。

（4）关门动作。

老师讲解关门动作并做示范：

动作1：递上便条纸（上有数字）。

动作2：做收费的动作（伸出手，不讲话，看着对方）。

动作3：签保单（将投保书递到客户手里，用笔指着签名处）。

6. 异议的处理

在促成的过程中很多情况下不是一帆风顺的，行销员会经常遇到客户提出异议，这时就要求行销员掌握处理异议的技巧（参考本节相关知识点"二、促成面谈中的异议处理"），解决异议。

7. 签单后的收尾

签单不是销售的结束，优秀的行销员应重视成交后的收尾工作，与客户保持良好的联系，巩固现有的客户；并充分把握机会，通过该客户获得更多的潜在客户的信息，争取赢得更多的客户。

（1）请客户介绍新客户。

不管销售是否成功，行销员都可以试着让客户介绍一些新客户。

（2）表示感谢。

签单后，一定要衷心地对客户表示感谢，给客户留下好印象。

（3）及时离开。

行销员办理好手续，对客户致谢后，礼貌地及时离开，不要过长时间地逗留。

四、促成面谈的要点

1. 面谈地点要合适

面谈的过程中，可能会涉及客户的家庭收入等方面的隐私问题，一般客户不愿意太多人知道自己的经济收入和家庭状况。面谈应该选择比较安静的地方进行。

2. 准时赴约

行销员要守时，一定不要迟到，否则会给客户造成不诚实的印象。如果是客观原因造成的，一定要向客户解释清楚。

3. 行销员应具备的促成观念

促成不是“要求他买”而是“让他要买”；成交是双赢；促成并不是干预客户的一切；促成不是强迫购买，但行销员必须主动热情。

4. 正确认识并接受客户的异议

客户提出的异议，是客户对险种或行销员的推销、服务态度表示不满。许多新加入保险行业的行销员对异议都有负面的看法，遇到异议就感到灰心和恐惧，但是“销售是从客户拒绝开始的”，所以保险行销员应该正确认识并敢于接受异议，并且采取合适的方法和技巧处理异议。

一、促成话术节选①

1. 主题：年轻健康快投保

(1) 王先生，您想，人会越来越年轻还是越来越老?

(当然越来越老)

(2) 通常身体状况会随着年龄的增加而出问题，是吧?

(是啊)

(3) 到老的时候挣钱不易，身体状况又需要用钱，是吧?

(是啊)

(4) 年老的时候需要有足够的钱来保住健康及作为退休养老的生活费，是吧?

(是)

(5) 您想，一个人年轻的时候需要投保还是年老的时候需要投保?

(年老的时候)

(6) 如果到年老贫病交加的时候再考虑投保，有没有保险公司愿意承保?

(大概没有)

(7) 王先生，您愿不愿意先存5%的钱取得将来100%健康及养老的费用呢?

(8) 那这张保单今天就让它生效好吗?

① 摘自豆丁网。

2. 主题：孩子是家里的希望

（1）王先生，请问您的小孩几岁？叫什么名字？

（十岁，小明）

（2）小孩的学习非常好吧！你一定希望他将来前途无可限量，是吗？

（是）

（3）那你一定希望拥有足够的费用让他完成大学教育，是吗？

（是）

（4）能不能请教您，您准备了多少费用让小明读完大学？您认为够吗？

（……）

（5）如果小明被迫提前踏出校门赚取学费，将来的成就会不会打折扣？

（会啊）

（6）您想不想让小明一直到能够独立为止，都不需为了自己的学费而担心？

（当然啊）

（7）这张保单可不可以让它今天就生效？

3. 主题：照顾孩子免担心

（1）陈姐，如果到了晚上 10:00 孩子仍未回来，您会担心吗？

（会啊）

（2）您担心什么呢？

（……）

（3）我们换个角度，假设孩子在家等到晚上 9:00 仍没看到妈妈回来，您想孩子会担心吗？

（会吧）

（4）他在担心什么，您知道吗？

（……）

（5）是不是担心将来他怎么办？谁来照顾他？

（无论说什么）

（6）担心难免，减轻他心里的担心恐怕非您不可，您有没有做好打算？

（……）

（7）这份保单可不可以帮您做好风险规划？

4. 主题：求人不如求己

（1）陈姐您住这幢大楼多久了？

（五年）

（2）环境很好，您真有眼光。请问陈姐这儿的人您认识几户呢？

（不多啦）

（3）您觉不觉得现在社会每个人越来越忙，忙得越来越没有人情味了？

（是）

（4）陈姐，除了这个之外，您会不会觉得现在交通很乱，意外事故越来越多？

（5）而且我们的饮食，如水、菜、肉类等也都受到严重的污染，对吧？

（是啊）

（6）陈姐，您有没有想过，万一因为自己或别人不小心造成交通事故，或因环境污染使我们患疾病，淡薄的人情社会里有几个人愿意伸出援手？

（……）

（7）别人总不能长期依靠吧？唯有靠自己现在准备，对吧？

（8）陈姐，这份保单应该可以决定签约了吧！

5. 主题：永保完好无损

（1）王先生，制造一个茶杯容易还是打破一个茶杯容易？

（当然打破容易）

（2）茶杯破了买一个就可以了，但人的身体受损可不可以再换一个？

（不可以）

（3）您想，人有没有不小心受伤的时候？

（4）假如有一天因为别人的不小心使您受到伤害，或因为健康因素您无法再上班了，您想您的家人可以再买一个您吗？

（无论说什么）

（5）如果可以的话，您会不会考虑购买？

（6）王先生，这张保单您要不要让它今天生效呢？

6. 主题：一生有尊严不求人

（1）这一代的小孩很幸福，要什么有什么，对吧？

（对啊）

（2）您会不会觉得当父母后才知道赚钱不容易？

（是啊）

（3）小时候向父母要钱好像是理所当然，但现在为人父母了，反而觉得不是这样，对吧？

（对啊）

（4）小时要钱父母会给我们，因为父母疼我们，对吧？

（对啊）

（5）陈姐您想过吗？您老的时候跟儿子要钱买套衣服、买化妆品，您的儿子或媳妇会不会像您现在一样大方地给您？

（……）

（6）我相信您不想造成这种结果，但如果真的不得已必须要这样时，您儿子会怎么想？您自己又会怎么想？

（不论说什么）

（7）陈姐，有人一生当两次人家的小孩，小时候向父母要钱，年老了向儿子要钱，那实在很可怜，是吧？

（是啊）

（8）也有人年轻时是人家的好父母，年老时是人家的好祖父母，那实在很有尊严。

（9）陈姐，这张保单会让您活得越老越有尊严，您要不要今天就让它生效？

二、促成面谈中的异议处理[①]

异议处理的方法有以下几种：

1. 没需要

客户：我不需要考虑保险，就算我发生意外，我的太太还有工作。

行销员：（聆听反应）陈先生，您很有福气，有个这么能干的太太。

行销员：除此之外，你还有没有其他原因？

客户：没有。

行销员：其实，您有没有想过，如果您发生什么意外，只有您太太一个人支持一个家，每天不但要花大量的时间在工作上，还要照顾小孩子和做家务，她会很辛苦的！陈先生您想一想，如果您今天有一份保险，不但可以帮您储蓄，而且还可以在您发生意外时保障您家人的正常生活，是不是一举两得呢？

2. 没有钱

客户：我没钱买。

行销员：（点头回应）陈先生，我理解您的想法，其实很多人都有同样的顾虑，除此之外，有没有其他的原因令您考虑保险呢？

客户：没有。

行销员：城市生活竞争是很激烈的，我们及家人的生活全赖收入，正因为这样，这个保险计划就更加重要了。因为您只需要将您每月开支的5%～7%用于这个保障计划，并不会影响到您现在的生活，但是一旦发生意外，您和家人就可以得到保障了。

3. 不用急

客户：我会买的，但不用这样急。

行销员：（点头回应）陈先生，我明白您的想法，我们都相信意外是我们无法预料及无法控制的，既然您已经接受保险，不如现在就做这件事，然后您就可以安枕无忧了，受益人填写您太太可以吗？

4. 年尾出双薪时再说吧

客户：不如等我年尾出了双薪再说吧。

行销员：陈先生，我也很明白您的想法，想清楚也是好的。除此之外不知还有没有其他原因呢？

客户：没有了。

行销员：保险可以迟点买，但是您可不可以把家人的风险延迟呢？为什么还要等到年尾呢？

客户：那也是。

行销员：不如我先帮您填些资料吧。

5. 要交房贷没有余钱

客户：我现在要交房贷，不想加重负担。

---

① 摘自21世纪保险网。

行销员：（点头回应）陈先生，我理解您的想法，其实很多人都有同样的想法。

行销员：除此之外，有没有其他原因令您不考虑保险呢？

客户：没有。

行销员：我们都相信意外是我们无法预料及无法控制的，既然今日您已经认同保险可以帮助您和家人，如果今天投保，就不用多担心几个月。如果有事，××发放的保险金就可以帮您继续交房贷，起码您和家人不用担心住房问题。让我帮您填写资料好吗？

6. 维持家庭生活

客户：我的收入都用来维持家庭生活，没有多余的钱来买保险啊！

行销员：陈先生，现在消费这么高，要维持一家人的生活真是不容易。除此之外，您还有其他原因吗？

客户：没有。

行销员：您现在全部收入都用来维持生活，一旦发生意外，您的家人怎么办？所以您更加需要保险，其实保险种类很多，您没有听过未必知道您自己有什么需要。

实战演练

某客户资料如下：年龄为35周岁，男性，已婚，电子公司职员，所在单位效益较好，参加社保养老保险和社保医疗，对补充医疗和大病保障较为感兴趣。

根据提供的资料，按照步骤演示促成面谈。

第四节　保险产品说明演练

实训目的

一般而言，正式的产品说明是指行销员完成事实调查后，向潜在客户说明他提供的产品及服务能带给潜在客户何种利益，期望客户能购买。从上一节中已知道如何把产品的特性转换成对客户别具意义的特殊利益，只有特殊利益才能打动客户，让客户产生“想要”的欲望；没有“想要”的欲望产生，就不会有购买的行为发生。产品说明就是系统地透过一连串需求确认、特性、优点及特殊利益的陈述，引起客户产生购买的欲望。

本次实训通过现场演示的方式，让学生演示产品说明，掌握保险产品说明的技巧，给客户提供详细、准确的产品信息，让客户充分了解产品，认识到产品给其带来的利益，促使客户产生积极响应的效果。通过实训切实将理论知识化为实际技能，强化学生的实践能力。

实训要求

要求学生明确产品说明的目的。

要求学生理解成功产品说明的特征。

要求学生根据实战演练给出的内容，模拟保险行销员进行产品说明演示的情景。

学生分好角色，选择自己认为最合适的服装进行演示。

每 9 人为一个小组，每个小组设 1 名组长，每 3 人扮演同一角色，共分 3 种角色（客户、行销员、观察员）。

每小组表演时间为 15 分钟左右。出场顺序由抽签决定，小组内的出场顺序、队形由小组自行排定。

本实训以考察学生对保险产品说明的应用为主。训练后学生要清楚产品说明的技巧，熟练地进行产品说明。

本实训采用现场点评的方式，教师对学生的设计优劣要现场评定，以加深学生印象。最后评出“最佳保险产品说明行销员”若干名。

实训实施

一、保险产品说明的准备

1. 对保险产品的熟悉

对你要说明的保险产品要非常了解，对相关的保险条款、保险费率、其他公司同类产品的情况要非常熟悉。要清楚本产品与其他公司的同类产品相比，有哪些特色和优点。在说明前，要把产品说明稿准备好，对说明稿要非常熟悉。建立客户对行销员和保险产品的信心。

2. 准备好相关的资料

（1）与本产品说明相关的资料。公司的宣传资料可以用公司统一印刷的宣传资料向客户展示，直接说明某一险种的各项利益、期限、保费等内容。

（2）利用新闻报道或权威资料，说明保险的意义，引发客户需求。

（3）对已熟悉保险的客户，保险行销员应该针对其特定的需要制作专门的建议书，把推荐的险种和他的要求一一对应起来，进行详细说明。

3. 调查分析客户资料

每个客户购买保险都有不同的需求，购买动机也是不同的，对客户进行调查，从调查过程中发掘客户的特殊需求。对客户的资料进行分析，初步得出客户的购买动机。

二、保险产品说明的步骤

1. 开场白

首先要对到场的人员进行亲切的问候，感谢他们的聆听及相关人员对调查的协助。通过讲述产品的最明显的优势来引起客户的注意及兴趣。

2. 依据调查的资料，陈述客户的状况，指出客户目前期望解决的问题点或期望得到满足的需求

需掌握技巧：用闭锁式询问，确认客户的问题点及期望改善点。

所谓闭锁式询问是让客户针对某个主题明确地回答“是”或者“不是”。如“团体保险已经成为一项吸引员工的福利措施，不知道王经理是否同意?”其目的就是取得客户的确认，引导客户进入你要谈的主题。明确客户目前期望解决的问题是什么，弄清楚客户的需求。

3. 依据客户对各项需求的关心度，有重点地介绍产品的特性、优点、特殊利益

根据保险产品的功能、特点和优点，针对客户的各项需求，把产品的优点转化成满足客户的特殊需求，让客户得到最大程度的满足。保险产品能给客户带来的价值越多，利益越大，才能吸引客户购买产品。

4. 预先化解异议

如从客户方面、竞争者方面可能造成异议，则做产品介绍时，可以预先设定异议，并且要巧妙地处理异议。

5. 异议处理

当客户提出异议时，要分析异议产生的原因，分清楚是客户的原因还是行销员自身的原因，针对原因，掌握异议的处理技巧，正确地解决异议。

6. 要求签单

化解客户提出的异议后，就可以要求和客户签订保单。产品介绍的目的就是希望能和客户签订保单。这个过程也是行销员最紧张的时候，如果客户同意签单，行销员就大功告成了；如果客户拒绝签单，那结果就是失败了。不管是成功还是失败，都要对前面的努力做个了结。

三、保险产品说明的注意点

1. 自信

自信不仅影响行销员本身的行为，同样也会影响客户的心态，对自己说明的保险产品要激情，表现出充分的信心。相信自己介绍的产品是最好的，正好可以满足准客户的需求。行销员的信心可以影响客户对行销员的印象和对保险产品的信心。

2. 语言要通俗易懂

在说明产品的时候，语言要简单明了，让客户能一听就懂。客户不了解的产品，再用深奥的语言来说明，客户就会对你的产品失去兴趣。

3. 数值和数据说明

数值和数据的应用在保险产品说明中有重要的作用。为了证明自己的说明的可靠性，应该以真实的数据来说话，这样可以增强产品的真实性和可信度，更容易让客户印象深刻。

4. 维持良好的产品说明气氛

保险行销员要始终保持微笑，面对客户的提问和质疑，要有足够的耐心，解说时语速要平稳而不要太快，可以适当应用幽默的语言，消除客户的紧张感，创造一个轻松愉快的环境，维持良好的产品说明气氛。

5. 配合工具说明

保险行销员在进行产品说明时可以配合相关的工具，如投影片、幻灯片、产品名录、企业简介、对销售有帮助的报刊的报道及其他任何有助于销售的辅助物。

（1）可以用公司统一印刷的宣传资料向客户展示，直接说明某一险种的各项利益、期限、保费等内容。

（2）利用新闻报道或权威资料，说明保险的意义，引发客户需求。

相关知识点

一、产品说明的目的

（1）提醒客户对现状问题点的重视。

（2）让客户了解能获得哪些改善。

（3）让客户产生想要的欲望。

（4）让客户认同产品或服务能解决他的问题及满足他的需求。

二、成功产品说明的特征

（1）能毫无遗漏地说出能给客户解决问题及现状改善的效果。

（2）能让客户相信你能做到你所承诺的。

（3）让客户感受到热诚，并愿意站在客户的立场，帮助客户解决问题。

三、保险产品的说明技巧

产品说明是对产品进行宣传介绍，产品说明的目的在于使客户了解产品给其带来的利益，吸引客户购买该产品。

1. 从客户的需求谈起

一般来讲，要选择符合客户需求的险种加以阐明。

说明保险产品的主题，是从主险开始还是从附加险开始，根据客户的实际需求来定。如果客户的购买点是储蓄，那么要从主寿险谈起；如果购买点是疾病，就可从医疗险开始谈起。

2. 内容要简洁

一份综合的保险计划涉及的内容非常多，要在尽可能短的时间内将所有内容完全讲清楚有一定的难度，要求行销员要重点突出，不要把条款罗列出来，让客户失去兴趣。

3. 吸引客户注意力

进行产品说明最大的困难是抓住客户的心。年轻的客户，心中多数想着男女关系、儿女私情；会计师只是想着数字是否出了错；生意人心中想着下一次的生意机会；医生想着下一个病人。总之，人人心中都有一个牵挂。如何将客户心中的牵挂排除呢？有一个方法，便是将客户的眼睛抓住。当看到东西的时候，我们心中便会投射出一个印象，令精神集中。躺在床上时，我们的意念是天马行空的，因为我们躺在床上时是闭着眼睛的，但当睁开眼睛时，心中的杂念自然会减少。由此可见，控制客户情绪的方法，是多用图片等可以看见的东西去辅助解释。

一般来说，利用图片说明是有效果的，但如何利用呢？方法只有一个：不断地苦练，将自己要讲的话，配合图片演出，直到自己练到出神入化为止。

4. 重复好处

在客户第一次听到该产品的优点时，可能还没完全领会到，也可能因为其他原因没听清楚。在进行产品说明时，要将产品给客户带来的好处换种说法重复介绍，强化产品的优点，吸引住客户。

5. 提供凭证

出示一些具体的凭证，可以更容易让客户相信行销员所做的说明。比如荣誉证书、感谢信、满意客户的名单等，这些都将有助于客户对行销员及其公司产生信任。

6. 进行利弊的权衡

为了促成交易，必须从客户的利益出发，帮助客户权衡利弊，可以采取下列办法：

(1) 采取适当的手段加强客户的危机感和压迫感，使其产生购买欲望。

(2) 抓住客户所关心的问题，详细阐述，使客户权衡利弊后做出选择。

(3) 强调售后服务，强调建立长期合作关系的重要性，使客户对公司及行销员产生信赖感。

产品说明是行销员高度发挥销售技巧的场合，希望行销员能争取更多的机会锻炼技巧与胆识，只有更多地练习，才更有说服力。

实战演练

根据下面给出的产品说明书，对该保险产品进行说明。

××一生享有终身年金保险（分红型）产品说明书

本产品说明书仅针对××一生享有终身年金保险（分红型）。为方便您了解和购买本保险，请您仔细阅读本产品说明书。

在本产品说明书中，“您”指投保人，“我们”“本公司”均指××人寿保险股份有限公司。

一、产品特色

- 交费期短，受益期长；
- 一年一返，一生享有；
- 保单分红，保值增值；
- 保单贷款，方便应急。

二、保障利益

保险责任	保障利益
生存保险金	自本合同生效之日起，被保险人生存至每个保单周年日，我们按基本保险金额的10%给付生存保险金
身故或全残保险金	被保险人于本合同生效之日起身故或全残，我们按所交保险费扣除已领生存保险金、现金价值此二项较大值给付身故或全残保险金，本合同终止
保单红利	在本合同有效期内，我们在每一会计年度末对该会计年度的分红保险业务进行核算，根据分红保险业务的实际经营状况，按照保险监管机关的有关规定确定红利分配方案。如果我们确定本合同有红利分配，则红利将于保单周年日分配给您

三、责任免除

因下列情形之一，导致被保险人身故或全残的，我们不承担给付保险金的责任：

（1）投保人或受益人的故意行为；

（2）被保险人故意自伤、故意犯罪或拒捕；

（3）被保险人服用、吸食或注射毒品，违反规定使用麻醉或精神药品；

（4）被保险人在本合同生效（或最后复效）之日起2年内自杀；

（5）被保险人酒后驾驶、无合法有效驾驶证驾驶，或驾驶无有效行驶证的交通工具；

（6）被保险人患艾滋病或感染艾滋病病毒期间；

（7）战争、军事行动、暴乱或武装叛乱；

（8）核爆炸、核辐射或核污染。

发生上述第（4）项情形，本合同终止，我们退还本合同现金价值。

发生上述其他情形，本合同终止，如果您已交足2年以上的保险费，我们退还本合同的现金价值；如果未交足2年保险费的，我们在扣除手续费后退还保险费。

四、合同解除

您签收保险合同之日起10日内为保险合同的犹豫期。您在犹豫期内要求解除保险合同的，我们向您无息退还所交保险费。

您在犹豫期后要求解除保险合同的，保险合同自我们接到您解除合同申请书之日起终止。我们在收到上述证明和资料之日起30天内向您退还现金价值。若未交足2年保险费，我们在扣除手续费后退还保险费。

五、投保示例

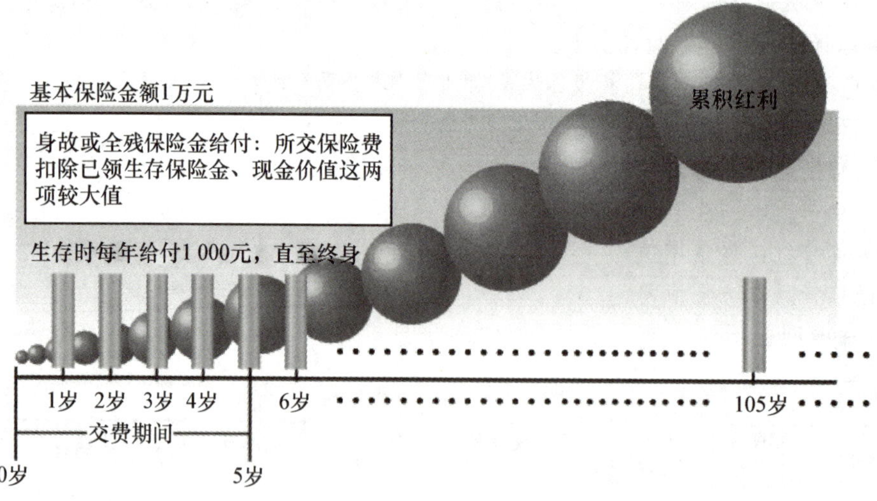

被保险人为0岁男性，5年交费，保额1万元。

• 保费支出：年交保费8 886元。

• 保障利益：

生存保险金：每满一周年生存领取1 000元生存保险金。

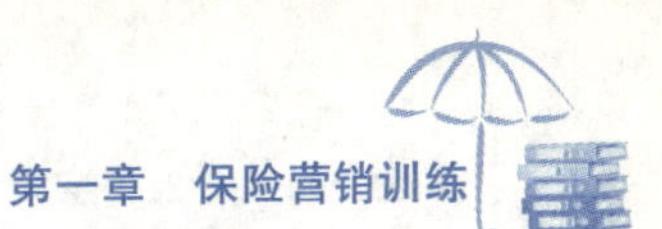

身故或全残保险金：从所交保险费中扣除已领生存保险金和现金价值这二项较大值。

分红：按照保险监管机关的有关规定，本公司每年将根据分红保险业务的实际经营状况确定红利的分配。该被保险人的保障利益见下表。

单位：元

保单年度末	累计保险费	生存给付	身故或全残给付	现金价值	累积红利		
					高	中	低
1	8 886	1 000	8 886	3 979	181	129	77
2	17 772	1 000	16 772	9 056	527	376	226
3	26 658	1 000	24 658	14 523	1 048	749	449
4	35 544	1 000	32 544	20 396	1 754	1 253	752
5	44 430	1 000	40 430	26 694	2 654	1 895	1 137
6	44 430	1 000	39 430	26 627	3 577	2 555	1 533
7	44 430	1 000	38 430	26 557	4 524	3 231	1 939
8	44 430	1 000	37 430	26 485	5 496	3 926	2 355
9	44 430	1 000	36 430	26 411	6 494	4 639	2 783
10	44 430	1 000	35 430	26 334	7 518	5 370	3 222
11	44 430	1 000	34 430	26 255	8 569	6 121	3 672
12	44 430	1 000	33 430	26 173	9 648	6 891	4 135
13	44 430	1 000	32 430	26 088	10 755	7 682	4 609
14	44 430	1 000	31 430	26 000	11 891	8 494	5 096
15	44 430	1 000	30 430	25 910	13 058	9 327	5 596
16	44 430	1 000	29 430	25 816	14 255	10 182	6 109
17	44 430	1 000	28 430	25 719	15 483	11 059	6 635
18	44 430	1 000	27 430	25 619	16 744	11 960	7 175
19	44 430	1 000	26 430	25 516	18 038	12 884	7 730
20	44 430	1 000	25 430	25 409	19 366	13 833	8 299
21	44 430	1 000	25 299	25 299	20 730	14 807	8 884
22	44 430	1 000	25 185	25 185	22 129	15 806	9 483
23	44 430	1 000	25 067	25 067	23 565	16 832	10 099
24	44 430	1 000	24 946	24 946	25 040	17 885	10 731
25	44 430	1 000	24 820	24 820	26 553	18 966	11 379
26	44 430	1 000	24 691	24 691	28 106	20 076	12 045
27	44 430	1 000	24 558	24 558	29 701	21 215	12 728
28	44 430	1 000	24 420	24 420	31 338	22 384	13 430
29	44 430	1 000	24 278	24 278	33 018	23 584	14 150
30	44 430	1 000	24 131	24 131	34 742	24 816	14 889

续表

保单年度末	累计保险费	生存给付	身故或全残给付	现金价值	累积红利		
					高	中	低
40	44 430	1 000	22 384	22 384	54 718	39 084	23 450
50	44 430	1 000	20 058	20 058	80 709	57 649	34 588
60	44 430	1 000	16 999	16 999	114 595	81 853	49 110
70	44 430	1 000	13 312	13 312	158 905	113 502	68 100
80	44 430	1 000	9 325	9 325	217 131	155 092	93 053
90	44 430	1 000	5 620	5 620	294 113	210 078	126 044
100	44 430	1 000	2 502	2 502	396 513	283 221	169 928
105	44 430	1 000	0	0	459 895	328 493	197 091

1. 被保险人在保单年度末身故或全残且已领取该年度生存保险金，上表身故或全残给付需相应扣除已领取的该年度生存保险金。

2. 现金价值不包含红利分配产生的利益。

3. 以上举例仅为理解条款所用，并不代表本产品实际分红情况，实际分红情况会以公司实际经营状况为准，请您注意。

本产品说明书所载资料供客户理解保险条款所用，各项内容均以保险条款为准。

“本人已认真阅读并理解本产品说明书。”

投保人（签名）

________年________月________日

第五节　保险产品建议书制作

实训目的

保险建议书是针对某一客户需求，将公司提供的保险产品做一组合，做出一份最适合客户的保险计划并说明和展示行销员所推荐的产品。让客户认同这一保险计划，激发客户购买产品的欲望，使客户更加清晰地了解公司产品的特色和保单利益，便于行销员组合产品、销售产品，增加客户对行销员及公司的信任，为客户购买产品打开方便之门。本次实训要求学生掌握保险建议书制作的原则、方法，能够独立制作出一份完整的建议书。

实训要求

要求学生了解建议书的制作目的和意义。

要求学生掌握建议书的制作原则。

要求学生掌握建议书的内容。

本实训应采用现场点评的方式，教师对学生的设计优劣要现场评定，以加深学生印象。

本实训以考察学生对建议书的理解和制作为主。训练后学生要能够设计一份完整的建议书。

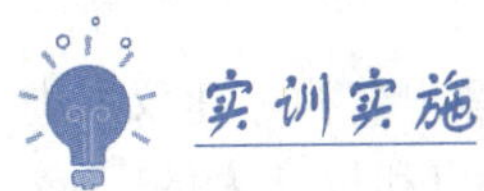

实训实施

一、目录的制作

示例如表 1-1 所示。

表 1-1　目录示例

目　录	
公司简介	第××页
保险经验	第××页
设计根据和思路	第××页
具体承保方案	第××页
服务措施与承诺	第××页
关键点推荐	第××页

二、相关内容的制作

1. 公司简介

公司简介是介绍公司成立时间、地址、规模、经营范围、法定代表人、特点等。它包含的内容一般有：(1) 公司概况：注册时间、注册资本、公司性质、技术力量、规模、员工人数、员工素质等。(2) 公司的发展状况：着重介绍公司的发展速度、有何成绩、有何荣誉称号等。(3) 公司的主要产品：性能、特色、创新、超前。(4) 销售业绩及销售网络。(5) 良好的售后服务：写下自己售后服务的承诺。

2. 保险经验

主要写以前承保和理赔的相关经验，如果是初次或经验较少可以不写。

3. 设计根据和思路

通过需求分析，得出客户最关心的事项。首先应尽量收集信息。信息的获得是建立在与客户充分交流、沟通的基础上的，进而站在客户的角度思考问题，提供切实的策略，思路要清晰、合理，使客户充分认识到“未来保障”获得的必要性与合理性。

4. 保险事项

保险事项是保险建议书中最重要的部分。这部分主要包括保险金额、保险费用、保险期限、交费方式、保险责任等各项保险事项的详细说明。

考虑客户的保费预算时，应尊重客户提出的保费预算，通常以年收入的 10%～15%为基础来缴纳保费是较为合理的。

5. 特别说明

一般要注明“本建议书仅供参考，详细条款以正式条款为准”。

6. 联系方式

建议书上要写明公司的电话，行销员的姓名、工号和联系方式。

三、建议书的包装

封面封底的设计要大方、清晰、醒目。封面清楚标明项目名称或客户名称、建议书类型、提交人名称、日期等，另可依据项目情况增添类似项目插图、客户和提交人的 Logo 等；封底上可标明提交人的详细信息，如公司名称、地址、邮编、电话、传真、网址等。此外可根据建议书的薄厚考虑装订的方式，如果厚的话最好胶装。

扉页设计往往是我们忽视的细节。以往的建议书都是直奔主题，因此不妨尝试在扉页上先设计一段问候语，感谢客户提供了机会，亲切的问候使客户如见其面，平添亲切之感。同时，如果建议书比较厚，希望客户通篇阅读几乎是不可能的，最好能在扉页中增加一个建议书概要，简单介绍建议书的框架及内容，突出建议书表达的中心思想，最好能够提出客户最感兴趣的问题，引导客户去阅读建议书。

[范例]

“爱家之约”保险建议书

——一张保单保全家

尊敬的先生：

您好！非常高兴能接到您的咨询电话，也非常荣幸有机会为您提供服务。看得出您是一位保险观念非常正确和全面的人，更是非常有家庭责任感和爱心的一个人。在未来的日子里，我将以专业化、规范化的标准，为您服务，很愿意成为您的理财顾问和生活上的朋友。下面的保险计划只是我根据您提供的资料和我的专业知识为您设计的，当然具体细节还要在我们进一步沟通之后再进行修改。

设计根据和思路：

1. 家是人生路上最温暖的地方，健康、幸福、美满的家庭就是立足于风雨中坚固的屏障，健康、幸福、美满的家庭首先必须是拥有保障的家庭——保障家庭成员健康的身体；保障家庭良好的经济基础；保障和谐的家庭关系；保障圆满的未来计划。尤其是对您现在来讲，应该是人生路上承担压力最大的阶段，上有老人需要赡养，下有心爱的小宝宝要抚养，更有自己的事业需要辛苦打拼。因此这个阶段的您需要首先考虑的是对家庭的保障（包括大病保障、住院医疗保障、养老规划、意外保障等）。

2. 疾病和意外伤害已不再是人生中的意外，而是每个人生命中必须计算的成本！健康保障是每个人最急需、最基本的保障，是其他保障的前提和基础！对于一个家庭的经济支柱来说，当他健康和平安时，一切家庭开支自然都不成问题，但一旦出现疾病尤其是重大疾病或者意外时，对家人不管从精神上还是经济上都是一个严重的打击。同时对女性来说，在工作和家庭不断忙碌，因此而累积下来的压力及女性疾病也是不容忽视的。

3. 岁月催人老，您是否意识到，今天，您是为两个“您”而工作——年轻的您和年老的您。有时候“年轻的您”是自私的，把所有的积蓄花完，没留下分文给“年老的您”。尤其是女性，平均寿命要比男性多5年，而退休年龄却比男性早5年左右，因此，在养老保费支出上的比例比相同条件下的男性要高才足以应付漫长的老年生活。而目前的社保只能是低水平、广覆盖，只能保证退休后的基本生活需要，定位于最低生活水平和平均生活水平之间，同时缴费会越来越高，而且没有身价保障。所以女性更有必要在年轻时为自己补充一下养老保障，保障您有尊严的晚年生活，以财务自由的状况退休。

4. 孩子是我们的未来，是我们生命的延续，是我们此生成就的成功转移。希望孩子比我们生活得更幸福、更美好，希望孩子得到最美好的关爱与呵护，无忧无虑地成长，是我们每个父母的心愿。保险是父母送给孩子的最珍贵的终身的礼物。那么做父母的该怎样给孩子买寿险呢？(1) 注重孩子的教育金计划；(2) 注重孩子的医疗保障；(3) 注重孩子的意外伤害保障。但是首先我们还是建议先让父母拥有保障，因为目前孩子的保费支出包括其他所有的支出都是出自父母，所以让父母首先拥有保障是前提。

5. 现代生活不仅需要优雅的环境、舒畅的心情、科学的饮食和适当的运动，更需要合理的财务安排！什么是合理的财务安排？那就是通过合理的规划和使用金钱让其先保值再增值。避免通货膨胀的损失，使辛苦挣来的钱保值；分享社会经济发展成果，使辛苦挣来的钱增值。目前大众的主要投资渠道有银行储蓄、股票、债券、基金、保险等，相信这么成功的您对以上几种投资理财工具的优势和不足的了解肯定比我还专业，希望有机会向您请教！在这里我主要给您介绍一种不错的理财工具——分红保险，它同时具有投资理财稳健透明、抵御通货膨胀、增值养老、身价有保障的功能。

6. 一个好的保障计划要尽早开始。因为要达成我们的目标，需要两个条件：一是必须有足够充分的时间；二是要有一个完善的计划。现在我们已经有了一个完善的计划了，那越早开始就可以越早实现我们的目标。同时对于客户而言，越早投保，除了回报高外，还越早得到保障，保费越便宜。

7. 一般而言，每个人的身价保障＝年收入×工作年限，是比较科学的保障计划；全家保费小于或等于全家年收入的20%，是比较合理科学的理财安排。

由此设计全家保险计划一览表：

险种	险种主要功能	保额	交费期	保障期	保费/年		
					丈夫（29周岁）	妻子（28周岁）	孩子（1周岁）
安享人生两全分红	养老、分红、身价	10万元	20年	终身	4 000元	3 900元	—
附加安享人生重大疾病	重疾、身价	10万元	20年	终身	400元	300元	—
附加定期保险	身价保障（疾病/意外）	10万元	20年	至55周岁	400元	—	—
个人住院医疗（津贴型）保险	住院补贴	二档十一档	年交	1年	337元	337元	—

续表

险种	险种主要功能	保额	交费期	保障期	保费/年		
					丈夫（29 周岁）	妻子（28 周岁）	孩子（1 周岁）
附加安心无忧意外伤害保险	意外（伤残、烧伤、身故）	10 万元/3 万元	年交	1 年	210 元	—	51 元
附加意外伤害医疗（含门诊）	意外（医疗报销、住院补贴）	一档	年交	1 年	56 元	56 元	67 元
附加花样年华女性健康保险	意外整容、女性疾病	10 万元	20 年	20 年	—	153 元	—
附加少儿住院医疗	少儿住院报销	一档	年交	1 年	—	—	499 元
附加残疾豁免保费保险	豁免本人所有长期保费	4 800 元	年交	1 年	85 元	—	—
附加投保人豁免保费保险	豁免家人所有长期保费	4 353 元	年交	1 年	—	150 元	—
生命关怀提前给付特约	高残提前给付	免费赠送					
合计	11 011 元/年，916.8 元/月，30.2 元/天				5 488 元	4 896 元	617 元

被保险人所享受的保险利益：

丈夫

一、生存养老金

1. 被保险人 60 周岁时，可先一次性领取 90 000 元＋当期累积的红利 58 980 元，共 148 980 元作为养老金。或者也可按年按月领取，那样总共领取的会更多。

2. 每年享受专家理财，累积红利至终身。如 60 周岁时可累积中等红利 58 980 元，80 周岁时有 112 110 元，100 周岁时有 209 313 元。

二、重大疾病保险金

1. 被保险人 60 周岁之前，若发生了条款所列 27 种疾病中任何一种时，可一次性领取 100 000 元作为重大疾病保险金：(1) 急性心肌梗死；(2) 恶性肿瘤；(3) 瘫痪；(4) 慢性肾衰竭；(5) 中风；(6) 严重烧伤；(7) 爆发性肝炎；(8) 帕金森病；(9) 重大器官移植手术；(10) 冠状动脉绕道手术；(11) 主动脉手术；(12) 慢性肝病；(13) 心脏瓣膜转换手术；(14) 再生障碍性贫血；(15) 阿尔茨海默氏病；(16) 严重脑损伤；(17) 失明；(18) 昏迷；(19) 脑部良性肿瘤；(20) 多发性硬化；(21) 原发性肺动脉高压；(22) 听力丧失；(23) 颅脑手术；(24) 丧失语言能力；(25) 终末期肺病；(26) 脑炎；(27) 断肢。

2. 被保险人 60 周岁以后，若发生了条款所列 27 种疾病中任何一种时，可一次性领取 10 000 元＋当期红利作为重大疾病保险金。

三、住院医疗津贴金

1. 被保险人因疾病或意外伤害住院，按（实际住院天数－3 天）×100 元赔付，一年最高可赔付 365 天。

2. 被保险人因重大疾病住院，按实际住院天数×220 元赔付，一年可赔付 180 天。

3. 按手术等级赔付，涵盖 1 056 种手术，最高手术医疗金 6 000 元/年，每年在限额内可多次补助。

4. 按移植的器官类别给付，最高器官移植保险金 10 万元/年，每年在限额内可多次补助。

5. 理赔简便迅速，只需出具住院证明，不需发票和收据，按档、按天定额给付。

6. 连续投保三年即可进入保证续保。

四、意外医疗保险金

被保险人因意外在医院治疗且治疗费用（含门诊）在 100 元以上的部分由保险公司 100%承担，最高可赔付 2 000 元。若住院另给予每天 20 元住院津贴。

五、伤残、身故保障金

1. 被保险人遭受意外伤害而残疾、烧伤，保险公司按《残疾、烧伤保险金给付表》，赔付保险金。被保险人遭受意外伤害而身故，保险公司赔付 100 000 元身故保障金；若是以乘客身份搭乘水上、陆上交通工具而导致身故的，赔付 200 000 元；若是以乘客身份搭乘民用或商用航班而导致身故的，赔付 300 000 元。

2. 另外，被保险人 55 岁前身故，我公司一次性给付 200 000 元保障金十累积红利。

3. 被保险人 55～60 岁因疾病或意外身故，我公司一次性给付 100 000 元保障金十累积红利。

4. 被保险人 60 岁后因疾病或意外身故，我公司一次性给 10 000 元保障金十未领取完的养老金十累积红利。

六、豁免保险金

被保险人若残疾，本公司将豁免其个人所有以后的长期险保费；投保人若身故或残疾，本公司将豁免其配偶和子女所有以后的长期险保费。

七、生命关怀提前给付

在主险有效期内，被保险人因疾病或意外伤害造成身体高度残疾，可向本公司申请领取主合同的身故保险金 100 000 元十累积红利，主合同随即终止。

妻子

一、生存养老金

1. 被保险人 60 周岁时，可先一次性领取 90 000 元十当期累积的红利 61 150 元，共 151 150 元作为养老金。或者也可按年按月领取，那样总共领取的会更多。

2. 每年享受专家理财，累积红利至终身。如 6 周岁时可累积中等红利 61 150 元，80 周岁时有 115 777 元，100 周岁时有 215 817 元。

二、重大疾病保险金

1. 被保险人 60 周岁之前，若发生了条款所列 27 种疾病中任何一种时，可一次性领取 100 000 元作为重大疾病保险金：(1) 急性心肌梗死；(2) 恶性肿瘤；(3) 瘫痪；(4) 慢性肾衰竭；(5) 中风；(6) 严重烧伤；(7) 爆发性肝炎；(8) 帕金森病；(9) 重大器官移植手术；(10) 冠状动脉绕道手术；(11) 主动脉手术；(12) 慢性肝病；(13) 心脏瓣膜转换手术；(14) 再生障碍性贫血；(15) 阿尔茨海默氏病；(16) 严重脑损伤；(17) 失明；

(18) 昏迷；(19) 脑部良性肿瘤；(20) 多发性硬化；(21) 原发性肺动脉高压；(22) 听力丧失；(23) 颅脑手术；(24) 丧失语言能力；(25) 终末期肺病；(26) 脑炎；(27) 断肢。

2. 被保险人 60 周岁以后，若发生了条款所列 27 种疾病中任何一种时，可一次性领取 10 000 元＋当期红利作为重大疾病保险金。

三、住院医疗津贴金

1. 被保险人因疾病或意外伤害住院，按（实际住院天数－3 天）×100 元赔付，一年最高可赔付 365 天。

2. 被保险人因重大疾病住院，按实际住院天数×220 元赔付，一年可赔付 180 天。

3. 按手术等级赔付，涵盖 1 056 种手术，最高手术医疗金 6 000 元/年，每年在限额内可多次补助。

4. 按移植的器官类别给付，最高器官移植保险金 10 万元/年，每年在限额内可多次补助。

5. 理赔简便迅速，只需出具住院证明，不需发票和收据，按档、按天定额给付。

6. 连续投保三年即可进入保证续保。

四、意外医疗保险金

被保险人因意外在医院治疗且治疗费用（含门诊）在 100 元以上的部分由保险公司 100%承担，最高可赔付 2 000 元。若住院另给予每天 20 元住院津贴。

五、女性疾病保险金

1. 被保险人因遭受意外伤害需接受意外整容植皮手术时，我公司赔付所有因此支出的合理费用。

2. 被保险人初患本条款所列的 7 种女性原位癌时，我公司赔付 5 000 元作为女性原位癌保险金：(1) 乳腺癌；(2) 子宫癌；(3) 子宫颈癌；(4) 输卵管癌；(5) 卵巢癌；(6) 阴道癌；(7) 女性外阴癌。

3. 被保险人初患条款所列以下任何一种时，我公司赔付扣除上述 1、2 所列费用作为女性疾病保险金：(1) 7 种原位癌以外的癌症；(2) 系统性红斑狼疮性肾炎；(3) 严重类风湿性关节炎。

六、身故保障金

1. 被保险人 60 岁前因疾病或意外身故或残疾，我公司一次性给付 100 000 元保障金＋累积红利＋花样年华所交保费。

2. 被保险人 60 岁后因疾病或意外身故或残疾，我公司一次性给 10 000 元保障金＋未领取完的养老金＋累积红利。

七、生命关怀提前给付

在主险有效期内，被保险人因疾病或意外伤害造成身体高度残疾，可向本公司申请领取主合同的身故保险金 80 000 元＋累积红利，主合同随即终止。

孩子

一、住院医疗保险金

1. 被保险人因疾病或意外伤害住院，治疗费用 300 元以上部分按 80%的比例报销，

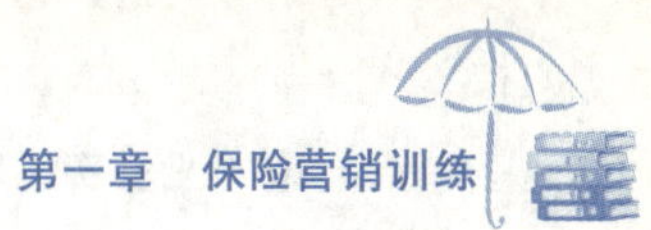

一年可报销 5 000 元。

2. 被保险人因意外在医院治疗且治疗费用（含门诊）在100元以上的部分由保险公司100%承担，最高可赔付2 000元。若住院另给予每天20元住院津贴。

二、伤残、身故保障金

被保险人遭受意外伤害而残疾、烧伤，保险公司按《残疾、烧伤保险金给付表》赔付保险金。被保险人遭受意外伤害而身故，保险公司赔付30 000元身故保障金。

本计划特色：

1. 本家庭保障计划是根据您的家庭的个性特点而设计的，具有较强的针对性，以家庭为单位，为您的每一个家庭成员量身定做，同时组成了本公司的主打产品——“爱家之约”，全家人随时都可以根据家庭生活水平的不断变化和提高，不断增加或减少主险或附加险，不断升级，满足您不断提高的家庭保障需求，真正做到一张保单保全家。

2. 保费豁免和提前给付，最具人性化的体现，给保单再上保险。

3. 附加险种可以续保到69周岁，而不是像传统保单那样，主险交费期满，附险随之停止，且具有保额递增的功能，使客户的利益得到最大化。

4. 这是一张“活”的保单，还具有全国通存通兑、变现、融资、资产保全、节税等附加的金融功能。

结束语：

保险，可以说是两千年来人类最伟大的发明，其间充分体现了人类的互助、文明和智慧；保险，其实是一种能力，是一种我们解决未来问题的能力；保险，是一种新的生活方式，是我们生活的必需品，是决定我们未来生活在自在、安心之中还是恐惧、担忧之中。保险就是——

平时当存钱　急时可用钱　永远可领钱　万一变大钱

投保省利钱　理赔免税钱　拿钱来赚钱　小钱变大钱

珍惜信赖　不负重托　知心护佑　相伴一生！

优秀行销主任：×××

联系方式：×××××××××

E-mail：××××××

网址：×××××××

（资料来源：生命天空保险中间站网站。）

一、建议书的制作目的和意义

（1）为了满足客户的需要，使客户更加了解本产品的内容和特点。

（2）增强客户对行销员和公司的信任。

（3）让客户明白自己所能获取的利益，激发客户购买的欲望。

（4）方便行销员设计险种组合，体现其专业化程度。

二、建议书的制作原则

1. 满足客户需求的原则

只有满足客户的需要的产品才能被客户接受，激发客户的购买欲望。

2. 适度的原则

保费额度、保额多少、险种搭配要适度、适合。一般而言，保费＝年收入×10%，保额＝年收入×(5～10)。

3. 统筹兼顾的原则

注意关爱子女、关爱家人，兼顾家庭成员保障。

4. 个性化的原则

建议书最好要有个性化，要根据客户的真实情况设计。

5. 简单、实用、通俗的原则

建议书要能让客户看懂，不要出现陌生的字词和过分专业的术语。

实战演练

根据以下背景资料制作一份建议书：

客户：男，38 岁，工程师；妻，35 岁，教师，儿子 8 岁，家庭月收入 20 000 元。

需求点：子女教育及医疗。

要求：1. 两人一组，进行研讨；

2. 设计建议书；

3. 找一两组发表，教师做点评；

4. 学生课后进一步完善建议书。

第二章 客户资源管理

第一节 保险市场问卷调查表的制作

实训目的

市场调研是营销链中的重要环节，没有市场调研，把握不了市场，就如盲人骑瞎马，不能有好的结果。市场调研关系到系统地、客观地收集、分析和评价市场营销特定方面的信息，有助于管理者制定有效决策，并会影响为顾客提供优质服务的每一个环节。问卷调查是现代社会市场调查的一种十分重要的方法，而在问卷调查中，问卷设计又是其中的关键，问卷设计的好坏，将直接决定着能否获得准确可靠的市场信息。

本实训探讨如何进行市场需求问卷调查表的制作。学生通过实训练习应掌握市场调查问卷制作的技巧，并能独立完成市场问卷调查表的制作。

实训要求

要求学生掌握问卷的分类，了解问卷的运用场合、问卷调查的原则和内容。要求学生撰写保险市场需求问卷调查表。

假设全班有 45 人，老师将全班每 3 人分成一组，一共 15 组。每组都要根据实训背景设计一份市场调查问卷。制作调查问卷主要分成两项任务：根据调查问卷表的种类不同，一是要求学生撰写调查问卷；二是通过电脑进行电子调查问卷的制作。每组成员分工合作，最终完成任务。

老师根据学生最终成果进行全班评比，让学生们自己评选“最佳市场调查问卷”，且对每一组作品进行讲评。

实训实施

一、实训背景

某保险公司想要推出一个有关学生保障的险种，为了使险种更能满足公众需求，而且增强险种的市场竞争力，并能有效投放市场，所以先进行市场调研。调研目的主要是了解目前市场状况、市场需求、市场购买力等方面。

二、实施步骤

市场调查问卷设计的过程一般包括十大步骤，确定所需信息、确定问卷的类型、确定问题的内容、确定问题的类型、确定问题的措辞、确定问题的顺序、问卷的排版和布局、问卷的测试、问卷的定稿、问卷的评价。

1. 确定所需信息

确定所需信息是问卷设计的前提工作。调查者必须在问卷设计之前就把握所有达到研究目的和验证研究假设所需要的信息，并决定所有用于分析使用这些信息的方法，比如统计检验。

依据上述的背景资料，可以确定此次市场问卷调查要了解市场对学生保障方面的保险需求。我们通过发放市场调查问卷，收集对问题的回答，来了解消费者对学生保险的意识、需求以及接受度。

2. 确定问卷的类型

制约问卷类型选择的因素很多，而且研究课题不同，调查项目不同，主导制约因素也不一样。在确定问卷类型时，必须综合考虑这些制约因素：调研费用、时效性要求、被调查对象、调查内容。

我们首先可以选择使用传统的问卷调查法，即通过市场调查员走入市场，将问卷分发到每位被调查者手中。这种方法的优势在于可以选择被调查者，有针对性，而且问题回答的有效性强；缺点是调研费用较高，既要支出人力成本，还要支付纸张等费用。其次也可以选择网络问卷调查法，即在网站上进行市场调查问卷发放，这种方法的优势在于成本低、时效性强；缺点是被调查者的针对性弱、问题回答的有效性差。

实训时，老师可以根据课时以及学生的知识面进行方式选择，或者两种方式都实训。

3. 确定问题的内容

确定问题的内容似乎比较简单，其实不然，这其中还涉及个体的差异性，也许你认为容易的问题在被调查者眼中就是困难的问题；你觉得熟悉的问题在被调查者眼中就是生疏的问题。因此，确定问题的内容，最好与被调查对象联系起来。分析一下被调查者群体，有时比盲目分析问题的内容效果要好。

针对这个实训，我们的被调查者大多数是已为人父母或者即将成为父母的成人，设计问题时，要注意以下几点：

（1）问题设计应力求简明扼要，可有可无的问题或者没有太多实际价值的资料无须出现在调查表中。

(2) 所提问题不应有偏见或误导，避免使用晦涩、纯商业以及容易引起人们误解或有歧义的语言，同时，不要把两个及两个以上的内容放在一个问题中，例如“你认为这个险种是否合理且有吸引力?”这样的问题将使回答者在不完全肯定时无法选择。

(3) 问题应是能在记忆范围内回答的。当看到“你一年前购买的蛋黄酱（用蛋黄、橄榄油和柠檬汁等制成）是哪一家生产商的产品”的提问时，恐怕大多数人都不会记得。所以，必须尽力避免一般被认为超出回答者记忆范围的提问。

(4) 提问的意思和范围必须明确。当看到“最近你从这家电器商店购买了什么家电产品”这样的提问时，首先使回答者感到不明确的是“最近”是指什么时间段。在此场合，应明确时间段，如“三个月之内”等。以过滤性提问的方式来展开问题，不要一开始就把问题搞得很细，而应层层细分、展开地进行提问，这样较好。比如，有两个以上答案时，提问者总是向选择特定答案的人一步步追问，层层细分。过滤性提问可以限定地向有兴趣的人提问，同时也可以排除对此不关心的人，并可以分析各项提问之间的相关联系。

(5) 必须避免提起人们反感的问题，也不要提很偏的问题，只有回答者能够予以冷静判断和回答的问题，才能得到有效的调查结果。

(6) 调查表中的所有问题都应设计得能够得到精确答案。所有问题都要围绕主题。

4. 确定问题的类型

应该根据问卷选择问题的类型，一般一张调查表中的问题类型是多样的。问题的类型归结起来分为四种：自由问答题、两项选择题、多项选择题和顺位式问答题。其中后三类均可以称为封闭型问题。

(1) 自由问答题。

自由问答题，也称开放型问答题，只提问题，不给具体答案项，要求被调查者根据自身实际情况自由作答。自由问答题主要限于探索性调查，在实际的调查问卷中，这种问题不多。自由问答题的主要优点是被调查者的观点不受限制，便于深入了解被调查者的建设性意见、态度、需求问题等；主要缺点是难以编码和统计。自由问答题一般应用于以下几种场合：作为调查的介绍；某个问题的答案太多或根本无法预料时；由于研究需要，必须在研究报告中原文引用被调查者的原话。

(2) 两项选择题。

两项选择题，是多项选择的一个特例，一般只设两个选项，如“是”与“否”、“有”与“没有”等。

两项选择题的特点是简单明了，缺点是所获信息量太小，两种极端的回答类型有时难以了解和分析被调查者群体中客观存在的不同态度层次。

(3) 多项选择题。

多项选择题是从多个备选答案中择一或择几，这是各种调查问卷中采用最多的一种问题类型。

多项选择题的优点是便于回答、便于编码和统计；缺点主要是问题提供答案的排列次序可能引起偏见。这种偏见主要表现在三个方面：

第一，对于没有强烈偏好的被调查者而言，选择第一个答案的可能性大大高于选择其他答案的可能性。解决的办法可以是打乱选项的排列次序，制作多份调查问卷同时进行调查，但这样做的结果是增加了制作成本。

第二，如果选项均为数字，没有明显态度的人往往选择中间的数字而不是偏向两端的数字。

第三，如果选项用 A、B、C 字母编号，不知道如何回答的人往往选择 A，因为 A 多与高质量、好等相关联。解决的办法是得用其他字母，如 L、M、N 等进行编号。

（4）顺位式问答题。

顺位式问答题，又称序列式问答题，是在多项选择的基础上，要求被调查者对答案按自己认为的重要程度和喜欢程度顺位排列。

在现实的调查问卷中，往往是几种类型的问题同时存在，单纯采用一种类型问题的问卷并不多见。

此外，不要诱导人们回答。不要采用让人们按照提问者一开始就定下的思路（方向）回答的方法。比如，当听到"这种酱油很润口吗"的提问时，回答者往往会带着润口的先入观去品尝，并回答说"是"。在此场合，不如问"这种酱油是润口还是辛辣"为好。

5. 确定问题的措辞

很多人不太重视问题的措辞，而把主要精力集中在问卷设计的其他方面，这样做的结果有可能降低问卷的质量。

下面是几条法则，不妨试试。

（1）问题的陈述应尽量简洁。

（2）避免提出带有双重或多重含义的问题。

（3）最好不用反义疑问句，避免否定句。

（4）注意避免问题的从众效应和权威效应。

6. 确定问题的顺序

问卷中的问题应遵循一定的排列次序，问题的排列次序会影响被调查者的兴趣、情绪，进而影响其合作积极性。所以一份好的问卷应对问题的排列做出精心的设计。

一般而言，问卷的开头部分应安排比较容易的问题，这样可以给被调查者一种轻松、愉快的感觉，以便于他们继续答下去。中间部分最好安排一些核心问题，即调查者需要掌握的资料，这一部分是问卷的核心部分，应该妥善安排。结尾部分可以安排一些背景资料，如职业、年龄、收入等。个人背景资料虽然属事实性问题，也十分容易回答，但有些问题，如收入、年龄等同样属于敏感性问题，因此一般安排在末尾部分。当然在不涉及敏感性问题的情况下也可将背景资料安排在开头部分。

还有一点就是注意问题的逻辑顺序。即使打破上述规则，有逻辑顺序的问题也一定要按逻辑顺序排列，实际运用中应灵活机动地掌握。

7. 问卷的排版和布局

问卷的设计工作基本完成之后，便要着手问卷的排版和布局。

（1）问卷的基本要求。

一份完善的问卷调查表应能从形式和内容两个方面同时达到最好。

从形式上看，要求版面整齐、美观、便于阅读、作答和统计，这是总体上的要求，具体的版式设计、版面风格与版面要求，这里暂不详述。

从内容上看，一份好的问卷调查表至少应该满足以下几方面的要求：

1）问题具体、表述清楚、重点突出、整体结构好。

2）确保问卷能完成调查任务与目的。

3）调查问卷应该明确正确的政治方向，把握正确的舆论导向，注意对群众可能造成的影响。

4）便于统计整理。

（2）问卷的基本结构。

问卷的基本结构一般包括四个部分，即说明信、调查内容、编码和结束语。其中调查内容是问卷的核心部分，是每份问卷都必不可少的内容，而其他部分则根据设计者的需要取舍。

1）说明信。说明信是调查者为被调查者写的简短说明，主要说明调查的目的、意义、选择方法以及填答要求等，一般放在问卷的开头。

这个学生保险方面的市场调查问卷，我们可以这样写：

尊敬的客户：

您好！

我们是××保险公司的，为了能提供更好的服务，目前本公司正在做一项市场调查，希望能得到您的支持。如果您能完成调查问卷，我们将非常荣幸，并在参与者中随机抽取20名幸运者，幸运者将得到我公司送上的精美礼品。

这里有几个注意点：第一，要使用礼貌用语，比如“尊敬的客户”“您好”，这是对客户的尊称，也使客户感到自己备受重视。第二，可以先提出回答问卷给予小奖励，增加问卷的有效性。

2）调查内容。问卷的调查内容主要包括各类问题、问题的回答方式及其指导语。这是调查问卷的主体，也是问卷设计的主要内容。

问卷中的问答题，从形式上看，可分为开放式、封闭式和混合式三大类。开放式问答题只提问题，不给具体答案，要求被调查者根据自己的实际情况自由作答。封闭式问答题则既提问题，又给出若干答案，被调查者只需在选中的答案上打“√”即可。混合式问答题，又称半封闭式问答题，是在采用封闭式问答题的同时，再附上一项开放式问题。

至于指导语，也就是填答说明，是用来指导被调查者填答问题的各种解释和说明。

3）编码。编码一般应用于大规模的问卷调查中。因为在大规模问卷调查中，调查资料的统计汇总工作十分繁重，借助于编码技术和计算机，则可大大简化这一工作。

编码是将调查问卷中的调查项目以及备选答案给予统一设计的代码。编码既可以在问卷设计的同时就设计好，也可以等调查工作完成以后再进行。前者称为预编码，后者称为后编码。在实际调查中，常采用预编码。

4）结束语。结束语一般放在问卷的最后面，用来说明问卷的一些辅助资料，如奖项设立、收取方式或者客户资料等，并且简短地对被调查者的合作表示感谢，也可征询一下被调查者对问卷设计和问卷调查本身的看法和感受。最重要的是要加注信息保护声明，因为现在人们越来越重视个人隐私问题，这样做可使被调查者安心。

可以这样写：

奖项设置：一等奖 3 名，奖品为华为智能 AI 音箱一个（价值 400 元）；二等奖 6 名，奖品为小米智能 AI 音箱一个（价值 300 元）；三等奖 11 名，奖品为小度智能 AI 音箱一个（价值 100 元）。

参与方式：1. 来信请邮寄到：苏州市姑苏区人民南路 100 号××保险公司客服部收。2. 选择来电回答问题，拨打电话 0512－87032222。3. 将答案用邮箱发送至 ygins-service@ygins.com。为了便于我们公布中奖名单，也便于幸运者领取奖品，请来函来电附上您的个人资料：姓名，身份证号码，手机号码。

非常感谢您的支持！

声明：本次调查所有信息，均为本公司内部使用。

8. 问卷的测试

问卷的初稿设计工作完毕之后，不要急于投入使用，特别是一些大规模的问卷调查，最好的办法是先组织问卷的测试，如果发现问题及时修改，测试通常选择 20～100 人，样本数不宜太多，也不要太少。如果第一次测试后有很大的改动，可以考虑是否有必要组织第二次测试。

实训时，老师可以抽取几个学生的调查问卷表，进行全班测试，并对出现的问题进行讲评。

9. 问卷的定稿

当问卷的测试工作完成，确定没有必要再进一步修改后，可以考虑定稿。问卷定稿后就可以交付打印，正式投入使用。

10. 问卷的评价

问卷的评价实际上是对问卷的设计质量进行一次总体性评估。对问卷进行评价的方法很多，包括专家评价、上级评价、被调查者评价和自我评价。

专家评价一般侧重于技术性方面，比如说对问卷设计的整体结构、问题的表述、问卷的版式风格等方面进行评价。

上级评价则侧重于政治性方面，比如说对政治方向、舆论导向、可能对群众造成的影响等方面进行评价。

被调查者评价可以采取两种方式：一种方式是在调查工作完成以后再组织一些被调查者进行事后性评价；另一种方式则是调查工作与评价工作同步进行，即在调查问卷的结束语部分安排几个反馈性题目，比如“您觉得这份调查表设计得如何？”

问卷调查是一个了解顾客的很好的渠道，但前提是必须设计一个好的调查表。只有设计正确的调查表，才能得到正确的反馈信息。

由于实训实施的有限性，所以我们可以选择专家评价（即老师对每个学生的问卷进行简短评价，或者全班总结性评价）、被调查者评价（将班级同学分成 5～6 个小组，然后每个组负责部分同学的问卷调研，完成问卷后，由小组给每个调查的问卷打分评价）。

[范例]

1. 运用 Microsoft Word 进行传统调查问卷的撰写

尊敬的客户：

您好！

我们是××保险公司，为了给您和广大客户提供更好的服务，目前本公司正在做一项市场调查，希望得到您的支持。如果您能完成调查问卷，我们将非常荣幸，并在参与者中随机抽取20名幸运者，幸运者将得到我公司送上的精美礼品。

1. 您的家庭年收入大概是________。

a 5万元以下　　b 5～10万元　　c 10～20万元　　d 20万元以上

2. 您的孩子________岁？

a 0～3岁　　b 3～10岁　　c 10～18岁　　d 18～24岁

3. 您和您的爱人是否购买了商业保险？

a 是　　b 否（如果是的话，险种是________。）

4. 投保时，您会考虑哪些因素？________（可多选）

a 保费额度　　b 保障范围　　c 公司品牌　　d 保险代理人的素质

e 其他________

5. 您对目前保险市场上推出的学生险种了解吗？________

a 了解　　b 有些认知　　c 不是很清楚　　d 完全不知道

6. 您最关注学生险的哪些功能？________（可多选）

a 保障功能　　b 教育金储备功能 c 理财功能　　d 保费豁免功能

e 培养孩子财商功能　　f 其他________

7. 您目前是否计划给孩子购买学生险？

a 是　　b 否

8. 您能接受的为孩子每年支付的保费金额价位是________。

a 500元以下　　b 500～1 000元　　c 1 000～2 000元 d 2 000～3 000元

e 3 000元以上

9. 如果购买的话，您觉得学生险的缴费年限在________合适。

a 5年　　b 10年　　c 15年　　d 20年

10. 您选择为孩子投保哪些类型的险种？________

a 保障型　　b 投资型　　c 储蓄型

11. 您倾向于选择________渠道购买学生险。

a 保险公司　　b 银行

c 其他保险代理公司　　d 学校

12. 在购买学生险过程中，您会考虑________方面的因素。

a 保费额度　　b 保障范围　　c 办理手续　　d 理赔流程

13. 您了解哪些保险公司的学生险品牌？________

a 中国人寿　　b 中国平安　　c 友邦保险　　d 泰康人寿

e 其他________

奖项设置：一等奖3名，奖品为华为智能AI音箱一个（价值400元）；二等奖6名，奖品为小米智能AI音箱一个（价值300元）；三等奖11名，奖品为小度智能AI音箱一个（价值100元）。

参与方式：1. 来信请邮寄到：苏州市姑苏区人民南路 100 号××保险公司客服部收。2. 选择来电回答问题，拨打电话 0512－87032222。3. 将答案用邮箱发送至 ygins-service@ygins.com。为了便于我们公布中奖名单，也便于幸运者领取奖品，请来函来电附上您的个人资料：姓名，身份证号码，手机号码。

非常感谢您的支持！

2. 运用网页制作软件（比如 FrontPage 或者 Dreamweaver）制作网站调查问卷

保险行业问卷调查表

主办单位：××保险公司营销部

为进一步提高我公司学生保险的服务质量，现推出有关学生保险调查活动，敬请参与者根据个人实际情况，认真填写下表。我们将从参与者中随机抽取 60 名幸运者，并送上精美礼品。精美礼品奖项设置：一等奖 3 名，奖品为华为智能 AI 音箱一个（价值 400 元）；二等奖 6 名，奖品为小米智能 AI 音箱一个（价值 300 元）；三等奖 11 名，奖品为小度智能 AI 音箱一个（价值 100 元）。调查结果将经过科学的分析后在本公司网站上发布，并针对调查结果调整学生保险营销策略，以便更好地为客户送上适合的保险产品。

本次调查截止日期为 20××年 3 月 31 日。

- 1. 您的家庭年收入大概是：

◉ 5 万元以下
○ 5～10 万元
○ 10～20 万元
○ 20～30 万元
○ 30 万元以上

- 2. 您孩子的年龄：

◉ 0～3 岁
○ 3～10 岁
○ 10～18 岁
○ 18～24 岁

- 3. 您和您的爱人是否购买了商业保险？

◉ 是
○ 否

- 4. 投保时，您会考虑哪些方面因素？

☑ 保费额度

☑ 保障范围
☑ 公司品牌
☑ 保险代理人的素质
☐ 其他

- 5. 您对目前保险市场上推出的学生险种了解吗?

○ 了解
○ 有些认知
○ 不是很清楚
○ 完全不知道

- 6. 您最关注学生险的哪些功能?

☑ 保障功能
☑ 教育金储备功能
☑ 理财功能
☐ 保费豁免功能
☐ 培养孩子财商功能
☐ 其他

- 7. 您目前是否计划给孩子购买学生险?

◉ 是
○ 否

- 8. 您能接受的为孩子每年支付的保费金额价位是:

◉ 500 元以下
○ 500～1 000 元
○ 1 000～2 000 元
○ 2 000～3 000 元
○ 3 000 元以上

- 9. 如果购买的话,您觉得学生险的缴费年限在________合适。

○ 5 年
◉ 10 年
○ 15 年
○ 20 年

- 10. 您选择为孩子投保哪些类型的险种？

○ 保障型
○ 投资型
◉ 储蓄型

- 11. 您会倾向于选择________渠道购买学生险。

◉ 保险公司
○ 银行
○ 保险代理公司
○ 学校

- 12. 在购买学生险过程中，您会考虑________方面的因素。

○ 保费额度
◉ 保障范围
○ 办理手续
○ 理赔流程

- 13. 您了解哪些保险公司的学生险品牌？

☑ 中国人寿
☐ 中国太平洋人寿
☑ 平安人寿
☐ 光大永明
☑ 新华人寿
☐ 泰康人寿
☐ 太平人寿
☑ 信诚人寿
☐ 平安养老险
☐ 华泰保险
☑ 美国友邦
☐ 其他保险公司

提交

为了便于我们公布中奖名单，也便于幸运者领取奖品，请在提交后的页面上留下您的个人资料：姓名，身份证号码，手机号码。

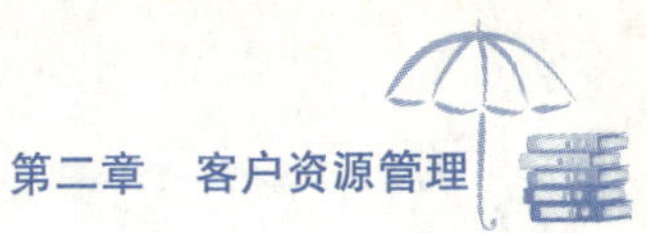

非常感谢您的支持！

相关知识点

根据资料来源，市场调研分为两种：一手资料调研是进行一手资料的收集，即利用小组访谈、一对一访谈、问卷调查、购买行为观察等方式进行原始资料的收集活动；二手资料调研则是对二手资料的收集，即通过报告、杂志、文献资料、历史数据等信息得到调研所需的二手资料。这种方法信息容量大，但是信息来源不稳定。根据资料内容，市场调研可以分为市场需求调研、消费者需求调研、营销因素调研、竞争对手资料调研等。

一般市场调研的方法主要有观察调查、座谈会、深度访谈、街访、入户调查、邮寄问卷、电话访谈等，分实地调查和文案调查两种方式。

一、调查问卷表的分类

调查问卷，又称调查表，是调查者根据一定的调查目的精心设计的一份调查表格，是现代社会用于收集资料的最为普遍的工具。

按照不同的分类标准，可将调查问卷分成不同的类型。

1. 根据市场调查中使用问卷方法的不同划分

根据市场调查中使用问卷方法的不同，可将调查问卷分成自填式问卷和访问式问卷两大类。

所谓自填式问卷，是指由调查者发给（或邮寄给）被调查者，由被调查者自己填写的问卷。而访问式问卷则是由调查者按照事先设计好的问卷或问卷提纲向被调查者提问，然后根据被调查者的回答进行填写的问卷。一般而言，访问式问卷要求简便，最好采用两项选择题进行设计；而自填式问卷由于可以借助于视觉功能，在问题的制作上可以更加详尽、全面。

2. 根据问卷发放方式的不同划分

根据问卷发放方式的不同，可将调查问卷分为送发式问卷、邮寄式问卷、报刊式问卷、人员访问式问卷、电话访问式问卷和网上访问式问卷六种。其中前三类大致可以划归自填式问卷范畴，后三类则属于访问式问卷。

送发式问卷就是由调查者将调查问卷送发给选定的被调查者，待被调查者填答完毕之后再统一收回。

邮寄式问卷是通过邮局将事先设计好的问卷邮寄给选定的被调查者，并要求被调查者按规定的要求填写后回寄给调查者。邮寄式问卷的匿名性较好，缺点是问卷回收率低。

报刊式问卷是随报刊的传递发送问卷，并要求报刊读者对问题如实作答并回寄给报刊编辑部。报刊式问卷有稳定的传递渠道、匿名性好、费用低，因此有很大的适用性，缺点也是回收率不高。

人员访问式问卷是由调查者按照事先设计好的调查提纲或调查问卷向被调查者提问，然后再根据被调查者的口头回答填写问卷。人员访问式问卷的回收率高，也便于设计一些深入讨论的问题，但不便于涉及敏感性问题。

电话访问式问卷就是通过电话中介来对被调查者进行访问调查的问卷类型。此种问卷要求简单明了，在问卷设计上要充分考虑几个因素：通话时间限制、听觉功能的局限性、记忆的规律、记录的需要。电话访问式问卷一般应用于问题相对简单明确，但须及时得到调查结果的调查项目。

网上访问式问卷是在互联网上制作，并通过互联网来进行调查的问卷类型。此种问卷不受时间、空间限制，便于获得大量信息，特别是对于敏感性问题，相对而言更容易获得满意的答案。

二、问卷调研的原则

利用问卷进行市场调查是一种非常有效的方式，可以向市民发放调查问卷，也可以选择在相关网站上设置在线调查表，用以收集用户反馈信息。问卷调查常用于产品调查、消费者行为调查、顾客意见调查、品牌形象调查等方面，是获得第一手调研资料的有效工具。但如何提高问卷调查结果的质量，是开展市场调研过程的关键。因此，我们应遵循以下原则：

1. 认真设计问卷

问卷应该主题明确、简洁明了、问题便于被调查者正确理解和回答，且便于调查结果的处理，这是所有问卷设计的基本原则。

2. 吸引尽可能多的人参与调查

参与者的数量对调查结果的可信度至关重要，问卷设计应体现出“您的意见对我们很重要”，让被调查者感觉到填写调查表就好像在帮助自己或所关心的人，这样往往有助于提高问卷回收率。当然，问卷回收率的提高也离不开有力的宣传推广，尤其是网上在线调查与适当的激励措施相结合会有明显的作用，必要时还应该和访问量大的网站合作以增加参与者数量。

3. 尽量减少无效问卷

提醒被调查者不要遗漏项目、不要明显超出正常范围来答问卷。

4. 公布保护个人信息声明

无论哪个国家，用户对个人信息都有不同程度的自我保护意识。调研者应让用户了解调研目的并确信个人信息不会被公开或者用于其他任何场合。

5. 避免滥用市场调查功能

市场调研信息也向用户透露出企业的某些动向，使得市场调查具有一定的营销功能，但应该将市场调查与营销严格区别开来。如果以市场调查的名义收集用户个人信息来开展所谓的数据库营销或者个性化营销，不仅将严重损害企业在消费者（至少是被调查者）心中的声誉，也将损害市场调查的合法性。

6. 尽量降低样本分布不均衡的影响

样本分布不均衡表现在用户的年龄、职业、受教育程度、用户地理分布等方面，因此，在进行市场调研时要对发放问卷的用户结构有一定的了解，尤其是样本数量不是很大的情况下。

7. 奖项设置合理

作为补偿或者为刺激参与者的积极性，问卷调查机构一般都会提供一定的奖励措施，合理设置奖项有助于减少不真实的问卷。

8. 采用多种调研手段相结合

常用的调研手段除了问卷调查之外，还有对访问者的随机抽样调查、一对一的访谈、历史数据分析整理等。根据调查目的和预算采取多种调查手段相结合的方法，以最小的投入取得尽可能多的有价值的信息。

三、问卷市场调研的主要内容

1. 市场需求研究

研究和分析市场需求情况，主要目的在于掌握市场需求量、市场规模、市场占有率，以及如何运用有效的经营策略和手段，其具体内容包括：现有市场对某种产品的需求量和销售量；市场潜在需求量有多大，也就是某种产品在市场上可能达到的最大需求量有多少；不同的市场对某种产品的需求情况，以及各个市场的饱和点及潜在的能力；本企业的产品在整个市场的占有率以及不同市场的占有率，哪些市场对企业最有利；分析研究市场的进入策略和时间策略，从中选择和掌握最有利的市场机会；分析研究国内外市场的变化动态及未来的发展趋势，便于企业制定长期规划；等等。

2. 用户及消费者购买行为的研究

用户及消费者购买行为研究的方向和内容主要包括：用户的家庭、地区、经济等基本情况及其变动情况和发展趋势；社会的政治、经济、文化教育等发展情况，对用户的需要将会产生什么影响；不同地区和不同民族的用户，他们的生活习惯和生活方式有何不同，有哪些不同需要；消费者的购买动机，包括理智动机、感情动机和偏爱动机，特别是理智动机对产品设计、广告宣传及市场销售活动的影响及产生这些动机的原因；用户对特定的商标或特定的商店产生偏爱的原因；谁是购买商品的决定者、使用者和具体执行者，以及他们之间的相互关系；消费者喜欢在何时、何地购买，他们购买的习惯和方式，以及他们的反应和要求；用户对某种产品的使用次数、每次购买的单位数量及对该产品的态度；新产品进入市场时，哪些用户最先购买，其原因和反应情况；对潜在的用户的调查和发现；等等。

3. 营销因素研究

（1）产品的研究。研究企业现有产品处在产品生命周期的哪个阶段，应采取的产品策略；研究产品的设计和包装；产品应采用的原料和制造技巧以及产品的保养和售后服务；等等。

（2）价格研究。价格对产品的销售量和企业盈利的大小都有着重要的影响。价格研究的内容包括：有哪些因素会影响产品价格；企业产品的价格策略是否合理；产品的价格是否为广大消费者所接受，价格弹性系数如何；等等。

（3）分销渠道的研究。其内容包括：企业现有的销售力量是否适应需要，如何进一步培训和增强销售力量；现有的销售渠道是否合理，如何正确地选择和扩大销售渠道，减少中间环节，以利于扩大销售，提高经济效益；等等。

（4）广告策略的研究。其内容包括：如何运用广告宣传作为推销商品的重要手段，以及正确地选择各种广告媒介；如何制定广告预算，怎样才能以较少的广告费用取得较好的广告效果，了解广告的接收率及广告推销效果，以评估广告效果；确定今后的广告策略；等等。

（5）促销策略的研究。其内容包括：如何正确地运用促销手段，从而刺激消费，创造需求，吸引用户竞相购买；对企业促销的目标市场进行选择研究；企业促销策略是否合理，效果如何，是否被广大用户接受；等等。

4. 宏观环境研究

宏观环境包括人口、经济、自然地理、科学技术、政治法律和社会文化等因素。一切营销组织都处于这些宏观环境之中，不可避免要受其影响、制约。

（1）经济环境是指国民生产、国民收入、社会购买力及其投向的变化，在它的影响下市场供应和需求总量及结构的变化趋势；在一定时期内个人收入水平、平均工资水平和物价水平的变化；消费水平和消费结构将会对市场产生的影响；等等。

（2）自然地理环境是指产品（或劳务）供应区的地理位置、交通运输状况、气候条件和气象变化规律等。

（3）科学技术环境是指在一段时期内本行业的科技发展新动态，新工艺、新技术的研发状况及对本企业产生的影响等。

（4）政治法律环境是指在一定时期内，政府的经济方针和有关税收、财政、外贸等方面的政策会对市场营销产生的影响，以及政府的有关法令和规章制度对企业发展的影响等。

（5）社会文化环境是指一定时期，一定范围内人口的数量及其文化、教育、职业、性别年龄等结构的变化，及对各类消费者需求的影响；各地的风俗习惯、民族特点对消费需求产生的影响；等等。

5. 竞争对手研究

商品经济社会，是一个竞争激烈的社会，企业要在竞争中取胜，必须“知己知彼”，每个企业都应充分地掌握并分析同行业竞争者的各种情况，认真地分析我方优点和缺点，做到知己知彼，学会扬长避短，发挥优势。竞争对手研究的主要内容有：市场上的主要竞争对手及其市场占有率情况；竞争对手在经营、产品技术等方面的特点；竞争对手的产品、新产品水平及其发展情况；竞争者的分销渠道、产品价格策略、广告策略、销售推广策略等情况；竞争者的服务水平；等等。

实战演练

1. 虽然目前人们的生活水准、医疗技术日益提高，使人们的寿命较之以前增长了，但是环境的不断恶化、人们工作压力增大等问题也在不断危害着人们的身体健康，导致很多疾病的发病年龄提早，或者引发出新的疾病来，所以人们对疾病的风险保障需求增加。保险公司也想推出相应的险种，但在险种推出之前，要先了解市场。请你为保险公司设计一份了解市场对医疗保险需求的调查问卷表。

2. 我国保险行业走过了近 70 年的风风雨雨，人们的保险意识从不知保险为何物，到主动要求购买保险。如今又面临世界经济复苏，网络时代信息大数据化，保险行业未来发

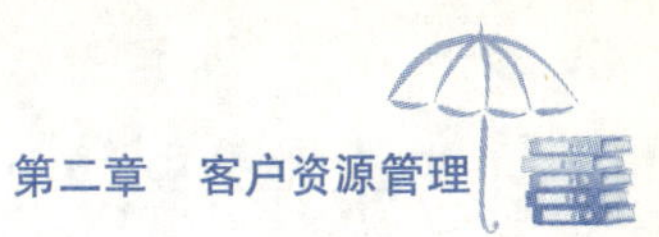

展之路在何方？如何适应市场环境？如何发展？请你设计一份我国目前保险行业发展状况的调查问卷。

第二节　客户信息卡的建立与管理

实训目的

保险行销员为了开展业务，必须与大量的客户进行接触，掌握大量的客户资料。随着对客户的深入接触、了解，对客户的认识也在不断地变化。为了牢牢抓住客户，以及开发潜在客户，必须对这些资料进行分析、整理，然后分门别类建立客户信息档案。这样有利于行销员记住客户，而且在今后的拜访和拓展业务中可以利用这些资料，抓紧客户心理、需求，提供最适合客户的险种，从而促成保险业务。因此客户档案信息建立与管理在保险业务开展过程中也是至关重要的。

本实训通过老师讲解如何建立客户信息卡以及客户信息档案库，让学生懂得如何将客户信息进行归类，从而便于今后的展业工作，同时也能使展业更有成效。

实训要求

要求学生学会对客户进行分级；建立并管理客户信息档案库；根据客户资料制作客户信息卡。

假设全班有 45 人，老师将全班每 5 人分成 1 组，一共 9 组。每组都要根据实训要求建立客户信息卡，从而建立客户档案。每组 5 人分工合作，其中：2 人进行信息调查，2 人进行客户信息卡的制作，1 人建立客户档案库。

老师最后在全班进行评比，看哪一组的客户信息卡中记载的客户资料最准确、全面，且对每一组作品进行讲评，最终评选出“最优客户信息档案库”。

实训实施

一、客户分级管理

大学者苏格拉底的弟子曾向老师求教，怎样才能找到理想的伴侣。苏格拉底带弟子们来到一片麦田，让他们每人选摘一枝最大的麦穗，不能走回头路，且只能摘一枝。结果前两个弟子一心想着要选摘一枝最大的麦穗，结果错过了很多好麦穗，直到即将走出麦田时，才无奈地匆匆摘了一枝。只有第三个弟子汲取了前两位师兄弟的教训，在心里将麦穗分为大、中、小三类，然后比照选择了属于大类中的一枝金黄的麦穗。

其实，我们做保险，又何尝不是在摘麦穗呢？每个保险行销员都大量接触客户，在这些客户中有人非常愿意投保，有人则不愿投保。对待不同的客户所采取的策略也不一样，那如何去判断客户呢？接下来的一周、一个月或一年之内，我们将重点攻关哪些客户才有希望获得成功，而不是东冲西撞地“眉毛胡子一把抓”呢？我们首先要做的工作是寻找、调查客户；其次是对客户分门别类，按促成保单的可能性大小对其进行排位，即建立客户档案；最后有针对性地运用不同策略、不同精力和时间，逐个突破。

老师可以传授学生“推销之神”原一平的客户归类法。原一平将客户按照成交的可能性进行分类，大体将客户分为A～F六级。

“A”级是在投保边缘的客户。这一级的客户，只要经劝说，随时都可能投保。

“B”级是因某种因素而不能立刻投保的客户。但是这一级的客户，只要稍待时日，就会晋升至“A”级。

“C”级的客户与“A”级的客户相同，都属于随时会投保的客户，但因身体健康上的关系，目前被公司拒绝投保。

“D”级的客户健康没有问题，不过经济状况不太稳定。由于人寿保险合同属于长期性保险合同，保险费需要长期缴纳，若收入不稳定，要长期支付保费就成问题了。这类客户则有待他们的经济状况改善后再行动。

总而言之，从“A”级到“D”级的客户的共同点是，对保险有充分的了解，他们也都有投保的需要和意愿。保险业务员需要就彼此间的不同点，加以分门别类，以便于自己的分析与辨认。尤其“B”级到“D”级，属于要密切注意发展动态的对象，一旦投保条件成立，就要准备出击，各个击破，将之变为“A”级客户。

另外需要注意的是，保险行销员不要勉强客户购买保险，如果忽视了这一点，而用种种软硬兼施的方法，勉强客户购买的话，将会产生许多如中途解约的后遗症，这是得不偿失的，甚至会产生负面的宣传效应，使保险行销员对其他客户的展业受到影响。保险行销员最高兴的事莫过于客户主动说：“你好！你来得正好，我左思右想，还是决定购买保险了。”设法使客户对保险的相关性能和价格有正确认识之后，再诱导他们自发前来购买保险，这是保险行销员的任务。

“E”级的客户对保险的认识还不够，行销员与客户之间还有一段距离。这表示行销员的努力不够，还必须再下功夫进行深入调查。

“F”级的客户包括两种：第一种是在一年之内很难升级者；第二种是仅止于调查阶段者。

针对第一种“F”级客户，需要根据实际状况，再作调查或继续拜访，以求能逐渐晋升等级。

至于第二种“F”级客户，他们可能很富有也很健康，但由于还在进行调查阶段，所以尚未正式拜访过。这些人很可能在面谈之后，立即晋升至“A”级。

上述“A”级至“F”级的客户，不论哪一级，保险行销员只要与他们一有接触，就应该立即把资料详细记在客户卡上。诸如：

（1）与客户交往的情况：时间、地点、谈话内容、感想等。

（2）若不能见面，把原因详细记下。

（3）自己为客户所做的服务工作。

（4）自己对这次访问的意见。

行销员通常会根据这些客户卡上的记录，回想当时交谈的情形及对方的反应，然后边想边反省，并做下列两件事：

（1）检讨与客户交谈的内容，加以修正或补充。

（2）改变自己的姿态，以便于更能接近客户。

从客户卡上，不但要看到客户的全部情况，还要看出自己在这次展业中的全部记录，然后反省、检讨、修正，再拟订出下一次的拜访计划。尽量促成可能成交的客户，或者促使成交的可能性较小的客户逐步升级，即促使接触阶段的客户抓紧时间进入说明阶段，然后到促成、售后服务、客户开拓……形成一个良性循环。

除了上述的“A”级至“F”级的客户之外，还有保险行销员无法掌握其未来动向的客户。如因为行销员的努力不够，或是没有找到正确的切入点，或是客户的投保条件不符，致使无法把他们归类到“A”级至“F”级上。应该把这些无法归类的客户的资料整理成一堆，暂时束之高阁，等待时机。不过，每逢闲暇时刻，可以取出这些客户卡，一一仔细重新检查，看看过去的做法是否有遗漏或疏忽之处，以便给这些卡片新生命，也扩大了自己的客户群。

客户卡的建立虽然是举手之劳的事情，但意义非同小可，它能使你全面了解客户的各种情况，使展业更有条理和目的性。否则，会如同“摘麦穗”一样，满眼都是客户，又都不是确定能入保的客户。

二、制作客户信息卡

老师可以让学生将班级同学看作客户，要求每个学生对除自己以外的学生建立一个客户信息卡。

那么，客户信息卡都需要填写什么内容呢?

1. 客户的基本资料信息

主要包括客户的姓名、家庭住址、家庭电话等。这些资料便于联系客户，但是要注意的是，如果客户很讨厌让人知道个人的家庭住址和家庭电话的话，不要追根问底。

2. 客户及家庭成员的出生日期

包括客户本人、配偶、子女的出生日期。这些资料便于了解客户情况，可以给客户及其家庭在提供人身保险上以帮助，也有利于以后做好售后服务。

3. 客户的职业资料

包括客户的职业、任职公司名称、所任职位。这些资料便于提供合理保险计划，给客户最大的保障。

4. 客户经济状况、家庭情况

包括客户收入支出状况、身体状况、配偶工作状况、生活情况等。有利于为客户选择保险险种，不会因为选择了保险，而影响客户的生活水准。

5. 学历背景

毕业学校、有何特长、工作经历。

6. 专长、兴趣、参加的社团

和上面学历背景资料一样，了解了这些客户资料，在与客户接触过程中，便于寻找接触的契机点，增加接触机会，甚至可以拉近关系，为售后服务提供资料。

7. 作息时间

包括何时拜访最适合、上下班时间等，弄清楚这些资料，便于在一个合适的时间去拜访客户，不给客户增添麻烦，也利于客户接受保险行销员向客户解说的险种。

8. 其他资料

包括身份证号码、身高、体重、过往病史、每次谈话的时间和内容、对保险的态度等。

客户的资料必须准确记录，并且统一登记。收集的客户资料越全面，开展业务的便利性越强。客户信息卡的格式可以选择表格，这样一目了然、直观。可以总括式列成一张表格，也可以根据内容分列几张表，根据保险行销员自己的喜好自由选择。

总括式的表格见表 2-1、表 2-2、表 2-3。

表 2-1　客户信息卡

编号：

客户姓名		性别		年龄	
学历		职业		年均收入	
付款方式		性格特征			
购买险种			购买日期		
住址			联系电话		
E-mail			备注		

表 2-2　团体保险客户资料卡

编号：

团体名称		营业地址	
团体性质		经营规模	
联系电话		主要决策人	
主要决策人性格特征			
购买险种		购买日期	
付款方式		信用等级	
营业状况			
备注			

表 2-3　客户信息登记表

编号：

<table>
<tr><td rowspan="4">本人情况</td><td>姓名</td><td>职称</td><td>籍贯</td><td>身高</td><td>体重</td><td>特征</td><td>婚姻</td><td>地址(H)</td><td>电话(H)</td></tr>
<tr><td></td><td></td><td></td><td></td><td></td><td></td><td></td><td></td><td></td></tr>
<tr><td>出生年月</td><td>就职公司</td><td>经营内容</td><td>股份</td><td>地址(O)</td><td>电话(O)</td><td>兴趣爱好</td><td>结婚纪念日</td><td>毕业院校</td></tr>
<tr><td></td><td></td><td></td><td></td><td></td><td></td><td></td><td></td><td></td></tr>
<tr><td rowspan="2">配偶情况</td><td>姓名</td><td>出生年月</td><td>配偶教育</td><td>就职公司</td><td>收入状况</td><td>兴趣爱好</td><td>夫妻相处情况</td><td>配偶影响力</td><td></td></tr>
<tr><td></td><td></td><td></td><td></td><td></td><td></td><td></td><td></td><td></td></tr>
<tr><td rowspan="2">子女情况</td><td>姓名</td><td>出生年月</td><td>教育程度</td><td>兴趣</td><td>参加社团</td><td></td><td></td><td></td><td></td></tr>
<tr><td></td><td></td><td></td><td></td><td></td><td></td><td></td><td></td><td></td></tr>
<tr><td rowspan="4">其他</td><td>宗教信仰</td><td>忌讳事项</td><td>家族病史</td><td>饮酒习惯</td><td>抽烟习惯</td><td>饮食习惯</td><td>喜爱的运动</td><td>喜欢的话题</td><td>处世态度</td></tr>
<tr><td></td><td></td><td></td><td></td><td></td><td></td><td></td><td></td><td></td></tr>
<tr><td>理财方式</td><td>财务状况</td><td>投资状况</td><td>人生计划</td><td>行销成功要点</td><td>评价</td><td colspan="3" rowspan="2"></td></tr>
<tr><td></td><td></td><td></td><td></td><td></td><td></td></tr>
</table>

分列式表格见表 2-4、表 2-5、表 2-6、表 2-7。

表 2-4　客户信息卡 1：资料基本表

编号：

客户名称		性别		年龄		电话	
E-mail			住址			邮编	
职务		传真		兴趣			
配偶情况		子女情况		健康情况		教育程度	
备注							

表 2-5　客户信息卡 2：信用资料

编号：

客户财务状况		理财方式	
投资状况		缴费日	
信用额度		信用期限	

表 2-6 客户信息卡 1（基本资料）

<table>
<tr><td>准客户卡号</td><td></td><td rowspan="2">客户联系卡</td><td rowspan="2" colspan="4">A B C D
准客户</td></tr>
<tr><td>客户卡号</td><td></td></tr>
<tr><td>姓名</td><td></td><td>职业</td><td></td><td>身份证号码</td><td colspan="2"></td></tr>
<tr><td>性别</td><td></td><td>职务</td><td></td><td rowspan="2">客户来源</td><td colspan="2" rowspan="2">1 陌生拜访　2 客户转介绍
3 展示行销　4 缘故
5 主动投保　6 其他</td></tr>
<tr><td>家庭成员（姓名、关系）</td><td></td><td>出生年月</td><td></td></tr>
<tr><td></td><td></td><td></td><td></td><td>住址，电话</td><td colspan="2"></td></tr>
<tr><td>寿险需求</td><td colspan="6"></td></tr>
</table>

<table>
<tr><td rowspan="4">家庭现有保障</td><td>公司</td><td>险种名称</td><td>被保险人</td><td>保单生效日</td><td>保险期限</td><td>保险金额</td><td>保险费</td></tr>
<tr><td></td><td></td><td></td><td></td><td></td><td></td><td></td></tr>
<tr><td></td><td></td><td></td><td></td><td></td><td></td><td></td></tr>
<tr><td></td><td></td><td></td><td></td><td></td><td></td><td></td></tr>
</table>

注：缘故是指向熟人或通过熟人、客户的介绍向其他陌生人推荐保险的一种方式。

表 2-7 客户信息卡 2（保险状况表）

<table>
<tr><td rowspan="4">准客户等级
A
B
C
D</td><td>新保险单号</td><td></td><td>险种名称</td><td></td><td>保险期限</td><td></td></tr>
<tr><td>保单生效日</td><td></td><td>保险金额</td><td></td><td>保险费</td><td></td></tr>
<tr><td>交费期限</td><td></td><td>开户银行</td><td></td><td>账号</td><td></td></tr>
<tr><td>被保险人姓名</td><td></td><td>基本情况</td><td></td><td>缴费方式</td><td>年/半年/趸交</td></tr>
<tr><td>保单状况（中止、复效终止、理赔、给付）备注</td><td colspan="6"></td></tr>
<tr><td>附加保险情况</td><td colspan="6"></td></tr>
<tr><td>转介绍名单</td><td colspan="6"></td></tr>
<tr><td>日期</td><td colspan="6">接洽拜访记录</td></tr>
<tr><td></td><td colspan="6"></td></tr>
<tr><td></td><td colspan="6"></td></tr>
<tr><td></td><td colspan="6"></td></tr>
<tr><td></td><td colspan="6"></td></tr>
</table>

建立了客户信息卡，掌握了部分客户资料后，就可以去开展业务。但是开展业务前，必须根据客户级别做好计划，见表 2-8。

表 2-8 客户级别与计划制订表

编号：

类别	等级说明	计划拜访次数	计划购买时间	计划销售数量
A	具备完整的购买条件	一周 1～2 次	当月购买	
B	具备购买潜力，具有访问价值	每隔一周 1 次	2～3 个月内购买	
C	偶尔访问	每月 1 次	半年内购买	
D	具备长远的开拓价值	顺路拜访或电话访问	1～2 年内购买	

相关知识点

一、客户信息卡使用中应注意的事项

（1）每天对拜访过的客户进行资料存入、修订。

（2）整理好第二天要拜访的客户信息卡，并按拜访顺序排列。

（3）当天没能拜访的客户资料应该排列在第二天再次拜访。

（4）当天拜访不成功的客户资料应放回原处，并记下拜访日志（主要是拜访时间、拜访情况、不成功原因）。

（5）对拜访后确定为无保险意愿的客户，可以将此客户资料封存，不要丢弃，因为可能在将来的某一天成为潜在的客户。

二、建立客户信息资料档案库

将客户信息卡建立资料档案库，分门别类，有利于保险行销员掌握客户资料，便于进行保险展业，也便于拜访后对客户信息进行评价、分析、整理。

1. 客户档案分类方法

（1）按地域分类。

即按客户家庭住址或者公司地址分，利于区域拜访。

（2）按行业分类。

这种分类便于保险行销员对专业知识的掌握。

（3）按客户姓氏分类。

这种分类便于查找。

（4）按客户等级分类。

这种分类可以掌握客户重要程度，从而采取区别性的营销策略。

2. 建立档案的注意事项

（1）客户信息卡使用活页，这样便于增添内容。

（2）客户信息卡使用相同尺寸、质地的纸张，利于整理。

（3）便于携带。

（4）档案整理时需要写下索引，并在每个档案上加注标签，便于查找。

3. 建立档案的其他文件材料

客户信息档案文件除了客户信息卡之外，还有其他一些重要文件，主要有：

（1）名片。

每天与人交换名片，有些人虽然不是客户，但名片仍需要存档，以备未来需要。可用名片本或名片盒，按行业或者姓氏来保存。

（2）记事本。

这是每个行销人士必备的物品。为了提高工作效率，在开展业务之前，必须先做好计划，这就要借助记事本来记录每天行程，以及需要见的客户的信息。

（3）演讲记录、录音带、录像带或者视频资料。

听完演讲或受训时，一定要做好笔记，因为这可以在日后作为参考。如不能当堂记录下来，可以使用录音笔进行记录。在整理记录时，一定要字迹工整，页面洁净。笔记使用活页记录，这样可以将它们根据内容进行归档。

（4）公司文件、普通文件。

一些营销、管理和财务方面的文件，可以用普通文件夹、硬式档案夹来归类分档放置。

（5）剪报。

在报纸杂志上看到与保险展业有关的生活、财务、医学和税收等方面的文章和资料，应剪下放到活页纸上，一方面可以丰富自己的知识，另一方面今后拜访客户时有可能会用得上。

（6）复印件、理赔文件、契约变更文件。

视个人情况及需要而定，大部分记录可以写在客户信息卡中，方便查找，又可以节省空间。

（7）文件传送资料。

保单、邮件、支票等需要传送总公司或寄发，必须记录，以免遗失，并将记录装订成册。

（8）保户续缴记录、薪资表。

一般保险公司用计算机处理保单，之后将保单交给行销员，上面记载了保户投保内容和资料；续缴卡是追踪服务用的，可单独存放或同原资料卡一起存放；薪资表可用一般文件袋存放。

实战演练

根据班级同学信息建立自己的“客户信息卡”。

第三节　保险信函书写

实训目的

信函是一种最直接的销售方法，是对客户的尊重，可避免拜访时客户不在造成的时间浪费，更可以避免因拜访而造成影响客户工作的尴尬场面，从而防止给客户留下恶性印象。因此信函推销法是提高保险行销效率，给客户留下良好印象的妙法。优美而又与众不同的信函可以给客户留下深刻的印象，拉近自己与客户的距离。

本实训就是探讨信函的书写，增强学生的应用文的写作能力。

实训要求

要求学生掌握信函的书写格式；书写各种用途的书信。

要求全班每一个同学都必须进行信函书写，自己独立完成。根据不同情况，写出不同类型的信函。

最后，在全班进行评比，学生间相互进行，老师对每人的作品进行讲评。

实训实施

本实训让学生进行信件书写，根据学校条件，可以选择手写，也可以选择电子稿件，要求每人都必须完成。

保险的信函通常用在以下几种情况：进行拜访前的征求函或通知函；新产品的推荐函；产品、服务补充说明函；成交感谢函；促成信函；道歉函；节假日问候函；感谢函；日常问候函；异议处理信函；约访函；自荐函（未见面）。

老师在教学中，应该先向学生传达信函的基本知识，如信函的书写格式、信函的作用等。当学生掌握后，学生就能独立进行信函的书写。

在学生写作过程中，要特别注意掌握几点：

一、信函的格式要合理

(1) 在信件整页页面上要注意布局合理。页面四周留有合理的宽度，两边上下要留有对称的空白框。称呼、问候、信件正文、礼节性结尾、写信人名字和日期都要各自另起一行。

(2) 正确使用标点符号。

二、信函的内容

(1) 大多数信函的正文内容是由三部分组成：一是阐明写信的原因；二是对信中提到的产品做概括性总述；三是进一步指明行销人员或者客户下一步该做的事。就其信中提到的信息一定要“新”(新产品、新理念或者是最新的活动动态)，表达方式也要新颖。因为人们都有求新心理，信息越新，越能引起人们的好奇心，也就会吸引客户的注意力。除此之外，信函内容要与客户的生活、利益有关，这样使客户觉得亲近，而且熟悉的事物人们才会更容易接受。

(2) 虽然写信的目的是销售产品，是一封商业信件，但是最好是一对一的私人信件，语气要亲切，态度要诚恳，不要做成产品广告。即使围绕着产品，也要向客户说明是你能通过产品为他做什么。为了突出客户，信件把任何一个客户都当成最重要的客户，对客户要尊称“您”，使他感觉自己备受重视，从而增强好感。

（3）根据客户的不同，写不同版本的信。在信件开头应使用简短语气，如果语句太冗长，使人缺乏耐心再读下去。要避免使用专业术语，免得造成客户理解上的误区。为了说明产品，可以使用故事来引出产品。例如著名的《华尔街日报》的商业信函讲述了两个年轻人的故事。一位年轻人成了一家公司的老板，另一位年轻人成了一家集团公司的经理，什么原因造成了这两人的差别？是《华尔街日报》！这封信得到了数以万计人的回应，为报社创下了100万美元的收入。真可谓一字千金！也可以使用提问，引发客户思考，让他去关注保险问题。

（4）信函结尾处留下保险行销员的姓名、手机号码、E-mail等联系方式。这样如果客户对信中提到的保险产品感兴趣的话，可以联系到你。

（5）信件最好亲手书写，给人以亲切之感。此外信封最好不要用本保险公司的商用信封，商用信封往往会使信函没有被拆封就被扔进废纸篓里。有些节日或者生日等祝福信函，不要忘记在信中也祝福客户的家人。信函最好在拜访后第二天寄出，然后在客户收到信函的第二天给客户打个电话问候一下，确认是否收到信函。收到回访信函的客户通常都会因这份礼貌和用心而感动，紧接着在愉快的气氛下提出再次拜访的要求，客户一般都会欣然同意。

［范例］

1. 保险产品推荐函

（1）大病医疗保险推荐信函。

尊敬的××：

您好！

这封信并不是要您购买人寿保险，而是要介绍我自己，并和您谈一些新的理念。因为大多数的专业人士均认为，合理的理财规划事关他们的前途。

我是从事寿险服务数年之久的专业保险管家，希望能以诚信的态度及专业的能力，为您及您的家人提供有关财务规划及风险规避的妥善建议与服务。

成功人士大都能够详细地告诉我，在百年后可以留下多少钱财给受益人，然而至今为止，我还未碰到过哪位专业人士能够清楚地告诉我，在他想停止工作时，他会有多少大病保障基金，会有多少退休收入，您能吗？

或许您认为想要把这个问题搞清楚，可能需要花点钱和许多的时间，其实不必，您只需准备一点时间及一颗关心大病保障基金、退休福利计划的心即可。

不知您是否听说过我们的另一种保险——重大疾病医疗保险。如果您方便的话，请您给我30分钟的时间，来与您解释其特色与好处。30分钟的时间不算太短，但这30分钟所谈的内容，却能使您的家人在未来的某一天，得以省下巨额的支出。

因此，这几天，我想和您聚聚，以便和您一起分享大病保障基金、退休福利计划以及保险理财的一些新理念与发展趋势，稍后我会再打电话与您约个双方都合适的时间。

祝

一切安好！

您诚挚的朋友：×××
手机：×××××××××
QQ：××××××
E-mail：×××@qq. com
20××年××月××日

（2）少儿基金推荐函。

尊敬的××：

您好！

欣闻您初为人父，宅第生辉，特驰函恭贺！

在接下来的日子里，您的新生儿需要您给予的是一份全身心的呵护——从关爱、教导，一直到了解，每一个阶段都需要您的悉心照顾。在孩子这段“人之初”时期，您是否想到，为人父母应给予生命最大的“保障”，特别是遇到紧急状况时，可以协助其渡过难关，并继续茁壮成长？

现在，有个小小的动作请您来做，请拿一只宝宝的鞋，并将它摆在您鞋子的旁边，比比看，它是不是看起来很小？婴幼儿的保费也正好如此，他与您的保费相比实在是小多了，而现在既然有这么好的机会，何不好好把握呢？

事实上，为人父母总希望能留给子女一笔“财产”。而现在正是您可以实现这个希望的时候，这个适合留给子女的财产就是“少儿基金”。

此寿险与众不同之处在于——它是特别针对幼童而设计的，保障孩子的生活需求的经济支柱，且越早投保保费越便宜。

如果您下周方便的话，我将与您会面，并做详细说明。届时，如果您不满意，请尽量直说无妨，我还是要再次提醒您，千万别忘了安排您孩子的未来！

祝

安好！

您诚挚的朋友：×××
手机：×××××××××
QQ：××××××
E-mail：×××@qq. com
20××年××月××日

（3）儿童教育保险推荐函。

尊敬的××：

您好！

作为一位家长，您是否考虑过以下问题？

——如果现在马上就要拿出一大笔钱来支付子女的大学学费，您拿得出来吗？

——如果您的孩子十年后、十五年后念大学，届时您依然可以拿得出来吗？

“虽然大学一年的学费将达到 20 000 元之多，但是我们的存款仍然是足够支付。”这是当您的子女准备念大学时的好消息。

可惜的是许多家长总是“事到临头”了才慌慌张张地东拼西凑，不曾事先做好妥善安排，来张罗子女的大学教育费，如此一来，就算其子女有“计划”进入大学，充其量也不过是“白日梦”罢了！

因此，现在正是您有系统地为孩子筹备大学学费的时候，这样才有可能保证届时所需的经费不成问题。我将会很乐意与您谈谈本公司的“大学学费服务计划”，当然，您没有义务非要照单全收不可，而且您也不必因为“不好意思拒绝”而勉强接受。我过几天再与您联络，以便做进一步的讨论。

祝

安好！

您诚挚的朋友：×××
手机：×××××××××
QQ：××××××
E-mail：×××@qq. com
20××年××月××日

2. 感谢函

尊敬的××：

您好！

非常恭喜您以智慧的眼光选择了这份人生的保障！其次，衷心地感谢您对我公司的支持和对我本人的关爱，您的支持是我前进的动力，您的关爱是我成功的基石。当我历经风雨站在成功的舞台上接受掌声和鲜花时，我要把这束最美丽的鲜花送给您，以表达我最诚挚的谢意，深深地祝福您人生之旅平安如意！

人是生活在彼此互助的环境里的，很高兴在寿险的路上有您相伴，感谢您的信任，使我得以成长，更希望借由我的服务使您的人生更美满！

真诚服务到永远是我的心愿，也是我的承诺！

您诚挚的朋友：×××
手机：×××××××××
QQ：××××××
E-mail：×××@qq. com
20××年××月××日

尊敬的王总：

您好！

非常感谢您今天在百忙之中拨出宝贵时间和我面谈。

与您短短 20 分钟的交谈让我受益匪浅。您对人生及事业积极、热忱的态度极大地鼓舞了我，让我明白成功非一时的努力便可获得。同时，您的成功经历也让我感到，只要永葆一颗积极向上、努力的心，脚踏实地地工作，再加上您及其他众多客户对我的支持，我也一定会成为保险行业的佼佼者。

寿险事业是一份终身事业。我一定通过我的用心和专业努力做好每一件事情，尽量为所有的客户提供最高满意度的服务，以报答您这样一位德高望重的老总在我迈向成功的起

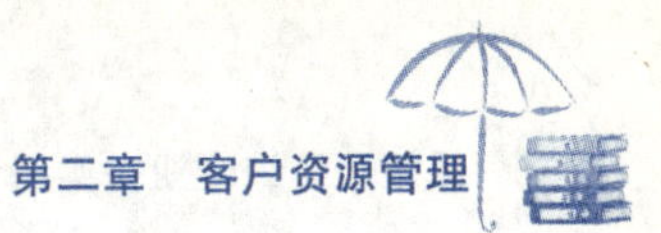

步阶段对我慷慨无私的支持。

谢谢您!

祝身体健康，万事如意!

您诚挚的朋友：×××
手机：×××××××××
QQ：××××××
E-mail：×××@qq. com
20××年××月××日

3. 道歉函

尊敬的××：

您好!

感谢你愿意花这么多的时间，与我交流您对保险的想法与期望，也要向您说声抱歉，由于我为您规划的保单未尽周全，不能使您满意，以至于拖延了您享有保险保障的时间。

作为一个专业的寿险从业人员，我非常了解您对于自身权益所保持的审慎态度。同时，对于先前我未能深入而精确地掌握到您真正的想法，致使不能切实满足您的保障需求，我也感到由衷的抱歉，不过我相信，您一定同意以下两点：

第一：人不一定一生都有钱，也会有不能赚钱、没有收入的这一天。这一天的来临，可能是因为年老、退休，或是退休之前遭遇的意外或疾病状况。

第二：当这一天来临的时候，我们不能保证我们身边一定有一大笔钱。事实上，人寿保险是一种工具——解决问题的工具；人寿保险是特殊用途的急用现金，需要的时候给您提供现金。

近期内，我将再次打电话与您联络，我祈愿再次与您见面时，进行更贴切的建议与说明，以向您提供我所规划的建议书，并进一步确认您的需求和想法。届时方便的话，希望您能拨出点时间给我。

期待下次和您见面的时刻，并感谢您热情的接待!

敬祝

身体健康，一切顺利!

您诚挚的朋友：×××
手机：×××××××××
QQ：××××××
E-mail：×××@qq. com
20××年××月××日

（资料来源：文秘网。）

相关知识点

一、信函推销法的优点

1. 节约时间

用信函推销可以避免登门拜访客户时却发现客户不在的事情发生，节约了保险行销员的时间，同时也节约了客户时间，并避免了因突然拜访造成客户工作、生活上的困扰。

2. 加深印象

用信函来简短说明保险产品，能够使客户有独立空间来思考有关保险的问题，从而对保险产品印象深刻。而且信函给人以亲切、受人重视的感觉，尤其在电子化信件泛滥的社会，信函也可以加深客户对保险行销员的印象。可以说，信函是进行保险产品销售非常有效的前奏。

二、信函信封的书写①

1. 在信封上写上有冲击力的词句

一些商业信函促销专业人员推荐使用“白”信封。事实证明情况正好相反。美国促销专家丹尼·哈奇在他的营销著作《百万美元的商业信函》一书中总结了71种最为成功的商业信函信封模式，这些模式无一例外地都在信封上写有极具吸引力的词句。

2. 不要让信封的背面空着

收信人看到信封正面和背面的机会是50∶50。为什么不把信封的背面也利用起来，让收信人成为你潜在的客户呢？

3. 问一个带刺激性的问题

全球最优秀的广告词撰写人比尔·吉米在为美国《今日心理学》杂志拟制商业信函时，在信封上写上了这样的句子：“当只有你一人在家洗澡时，你把浴室的门关上了吗？”

4. 突出你提供的小礼品

如果在邮件中提供了小礼物，千万不要让它被人忽视而扔到一边，最好把小礼物在商业信函的信封上注明。

5. 把收信人的名字写在信封上

在信封上不仅要写上地址，而且还要写上收信人的名字。在信封上半部写收信人的邮编、地址、姓名，在信封下半部写寄信人的地址、姓名、邮编。

6. 写收信人名字时，要多写几处

苹果电脑公司在给一位客户的商业信函中这样写道：艺术指导，李方；账户经理，李方；媒体指导，李方。苹果电脑公司的用意非常明确，就是要告诉用户，它们的计算机可以应用到各种不同的工作中。

7. 尝试使用特快专递EMS

使用特快专递可以提高收信人的重视程度。这样做的价格可能会很贵，但是没有什么事开始做时是不需要投入的。但是，你要解释清楚，为什么你这么着急地寄送你的商业信函。

8. 把信封制作得像特快专递信封

有些公司寄出的信很像特快专递，让人一看到这些信件就感觉是非常的重要。这样做的成本比使用特快专递要低很多。

---

① 此部分内容可参见四川省保险行业协会网站。

9. 使用一个邮递盒

人们收到盒装的邮件时一般都会打开它。你要在显著的位置上写清你的名字和公司的名称，这样才不会被误认为是不明邮件（邮包炸弹）而被销毁。不要使用卷式包装，这种邮件打开后收信人很不容易阅读。

10. 把信封制作得别具一格

把你的商业信函放到一大堆商业信函中，请一位朋友来做个测试。如果他一眼就能挑中你的邮件，那就成功了一半。

11. 在信封上多搞点色彩

许多公司花很多钱把信函里面的宣传册制作得五彩缤纷，但有些收信人可能从来就不打开信封，五彩缤纷的宣传册一点都没有发挥作用。与其这样，不如在信封设计上多下功夫，信封上多使用些色彩，吸引客户眼球，并达到让客户阅信的目的。

12. 抓住老客户

如果商业信函明显是针对收信人的，他们就很可能会打开它。例如，在信封上写上这样的句子："内有特殊礼物赠给联想电脑的客户。"

13. 尝试用不寻常材料制作的信封

例如 AT&T 公司使用的信封就像是公司的内部信件，而另一家公司的信封则是一个很大的纸袋，还有的使用聚乙烯材料做的信封。

14. 让信封特别抢眼

新西兰敦豪公司曾向客户邮寄一种世界上最大的商业信函，信封有 3 英尺（约 0.9 米）长、2 英尺（约 0.6 米）宽。要尽量使你的商业信函最抢眼、最刺激、最与众不同。

如果你能找到潜在的真正需要你的产品或服务的收信人，你的商业信函就有了成功的机会。

实战演练

1. 请向准客户写一封有关意外伤害保险或者养老保险的保险产品推销函。
2. 请向保险客户写一封感谢函。
3. 请向保险客户写一封道歉函。

第四节　保险市场调查报告

实训目的

市场调查报告是市场调查的最终总结。通过市场调查，把来自各个地方、社会各个阶层的人们对调查的主题的看法等信息资料汇集一起，并结合企业生产经营需要而完成的一篇报告。市场调查报告通过对调查数据分析，找出问题所在、导致问题的原因，提出建设性建议，指导企业（或公司）今后发展道路、营销策略、发展方针。

本实训就是探讨如何写市场调查报告。学生通过实训练习掌握市场调查报告写法上的技巧，并能独立完成市场调查报告。

实训要求

要求学生掌握市场调查报告的主要内容、写作技巧等，并要求学生撰写保险调查报告。

假设全班有 45 人，老师将全班每 5 人分成一组，一共 9 组。每组都要根据背景资料写一份市场调查报告。

老师最后根据学生最终成果，进行全班评比。让学生自己评选“最有实效的市场调查报告”，老师对每一组作品进行讲评。

实训实施

市场调查报告的撰写，首先是以市场调查的主题及其分解的题目为中心，进行草拟；然后扩展成以一个个分项题目为主体的分列报告；再对这些分列报告进行组合、扩充，加上必要的内容后成为市场调查报告的主体；再根据主体内容的需要，编写附录；最后，根据主体的内容，写出市场调查的摘要及目录。

根据撰写提纲的要求，由多人分工负责撰写，各部分的写作格式、文字数量、图表和数据要协调，统一控制。初稿完成后，就要对其进行修改，先看各部分内容和主题的连贯性，是否需要增减，顺序安排是否得当，然后整理成完整的报告，提交审阅。

一、准备工作

整理与本次调查有关的资料，包括过去已有的调研资料、相关部门的调查结果、统计部门的有关资料（包括统计年鉴）、本次调查的辅助性材料和背景材料等。

整理统计分析数据。要认真研究数据的统计分析结果，可以先将全部结果整理成各种便于阅读比较的表格和图形。在整理这些数据的过程中，对调查报告中应重点论述的问题自然就会逐步形成思路。

对理论假设做出接受或拒绝的结论。

对难以解释的数据，要结合其他方面的知识进行研究，必要时可针对有关问题找专家咨询或进一步召开小范围的调查座谈会。

确定报告类型及阅读对象。调查报告有多种类型，如综合报告、专题报告、研究性报告、说明性报告等，阅读的对象可能是企业、公司领导，专家学者，也可能是一般用户，也就是说，要根据具体的目的和要求来决定报告的风格、内容和长度。

二、报告的构思

通过收集到的资料、获得的实际数据资料及各方面的背景材料，初步认识客观事物，然后深入研究客观事物的性质、作用、表层原因和本质原因，得出所要分析的市场问题的一般规律性。

在认识客观事物的基础上，确立主题思想。主题的提炼要努力做到准确、集中、深刻、新颖。准确，是指主题能根据调查的目的，如实反映客观事物的本质及其规律性；集中，是指主题突出中心；深刻，是指主题能深入揭示事物的本质；新颖，是指主题有新意。

确立基本观点，列出主要论点、论据。确定主题后，对收集到的大量资料，经过分析研究，逐渐消化、吸收，形成概念，再通过判断、推理，把感性认识提高到理性认识，然后列出论点、论据，得出结论。

安排报告的层次结构。在完成上述几步后，构思基本上就有个框架了。在此基础上，考虑报告正文的大致结构与内容，安排报告的层次段落。报告一般分为三个层次，即基本情况介绍、综合分析、结论与建议。

三、选取数据资料

市场调查报告的撰写必须根据调查所得的数据资料进行分析，即介绍情况要有数据作依据，反映问题要用数据作定量分析，提建议、措施同样要用数据来论证其可行性与效益。恰当选材可以使分析报告主题突出、观点明确、论据有力。因此有无丰富的、准确的数据资料作基础是撰写调查报告成败的关键。在确立主题、论点、论据后，就要围绕主题，研究和选取数据资料。

在进行市场调查、收集资料的过程中，调研人员思想上还没有形成任何固定的观点，因此，收集到的大量调查数据资料不可能都是切中主题、能准确反映事物本质特征的典型材料，因此，必须对所收集的数据资料进行去粗取精、去伪存真、由此及彼、由表及里的分析研究、加工判断，才能挑选出符合选题需要、最能够反映事物本质特征、形成观点、作为论据的准确资料。在写作时，要努力做到用资料说明观点，用观点论证主题，详略得当、主次分明，使观点与数据资料协调统一，以便更好地突出主题。

四、分析结论的提出

市场商情分析结论是市场调查报告的最终结果，应当是客观事物的真实反映，不能有任何迎合领导期望的倾向。要通过市场商情分析找出市场商业活动中具有规律性的东西，揭示事物发展的趋势和本质，提炼出对于市场商业活动具有指导意义的结论。有时，使用的分析工具不同，可能得出不同的结论，这时，需要综合各方面的情况，比较不同的分析结果，通过去粗取精、去伪存真的过程，得出最终的结论。

五、撰写初稿

1. 市场调研报告的结构

（1）题目。

（2）内容提要。

（3）调研报告正文：

1）绪言（调研报告的目的）。

2）主要的结论（一系列简短的陈述）。

3）调研采用的详细细节。

4）调研结果（含图表）。

5）调研结果小结。

6）总的结论和建议。

（4）参考资料。

（5）附录。

2. 撰写网上市场调研报告应注意的事项

（1）调研报告应该用清楚的、符合语法结构的语言表达。

（2）调研报告中的图表应该有标题，对计量单位应清楚地加以说明，并且，如果采用了已公布的资料，应该注明资料来源。

（3）正确运用图表，对于过长的表格，可在调研报告中给出它的简表，详细的数据列在附录中。

（4）调研报告应该在一个有逻辑的框架中陈述调研结果。若涉及宣传方面的问题，调研报告的内容和形式都应满足特定要求。

六、定稿

写出初稿，征得各方意见并进行修改后，就可以定稿。在定稿阶段，一定要坚持对事客观、服从真理、不屈服于权力和金钱的态度，使最终报告较完善、较准确地反映市场活动的客观规律。

［范例］

2017 年保险消费投诉情况数据分析报告

一、总体情况

2017 年，中国保监会机关及各保监局共接收涉及保险公司的保险消费投诉 93 111 件。其中，涉嫌违法违规投诉 2 109 件，占比 2.27%；保险合同纠纷投诉 91 002 件，占比 97.73%。

（一）涉嫌违法违规投诉情况

2017 年，中国保监会机关及各保监局接收的由保险监管机构负责处理的保险公司涉嫌违法违规投诉 2 109 件。其中，涉及财产险公司 366 件，占比 17.35%；涉及人身险公司 1 743 件，占比 82.65%。

财产险公司涉嫌违法违规投诉量居前几位的为：人保财险（98 件）、平安财险（52 件）、太平洋财险（46 件）、中华财险（24 件）、大地财险（18 件）、国寿财险（18 件）、阳光财险（10 件）、永诚财险（10 件）、安邦财险（7 件）、华安财险（7 件）、太平财险（7 件）、天安财险（7 件）和信达财险（7 件）。

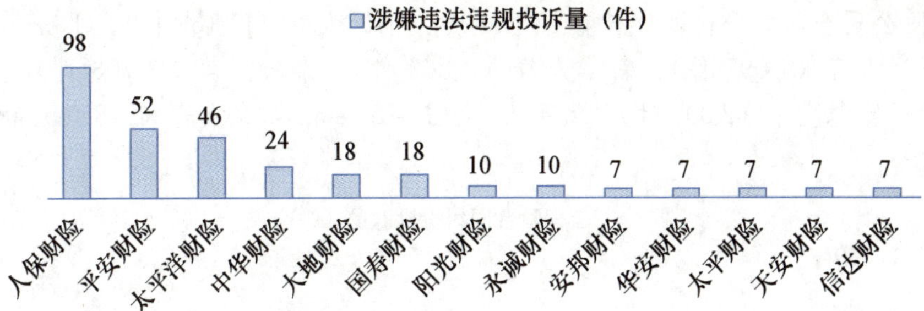

涉嫌违法违规投诉量居前几位的财产险公司

人身险公司涉嫌违法违规投诉量居前10位的为：中国人寿（442件）、新华人寿（210件）、平安人寿（187件）、泰康人寿（185件）、太平洋人寿（105件）、富德生命（102件）、阳光人寿（97件）、人民人寿（88件）、太平人寿（65件）和华夏人寿（22件）。

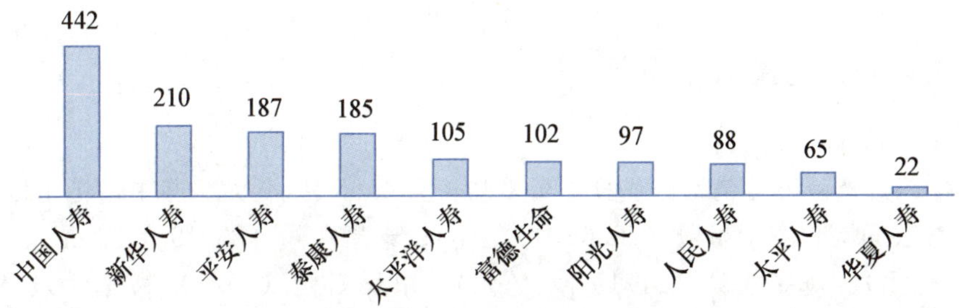

涉嫌违法违规投诉量前10位的人身险公司

（二）涉及保险合同纠纷投诉情况

2017年，中国保监会机关及各保监局接收的转保险公司处理的保险合同纠纷投诉91 002件，其中，涉及财产险公司48 663件，占比53.47%；涉及人身险公司42 339件，占比46.53%。

财产险公司合同纠纷投诉量居前10位的为：人保财险（11 615件）、平安财险（7 227件）、国寿财险（4 014件）、太平洋财险（3 383件）、中华财险（3 356件）、太平财险（1 979件）、大地财险（1 597件）、阳光财险（1 571件）、众安在线（1 257件）和永安财险（1 180件）。

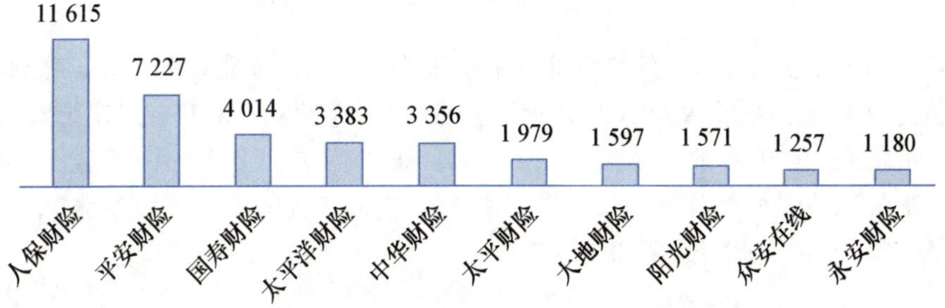

保险合同纠纷投诉量前10位的财产险公司

人身险公司合同纠纷投诉量居前10位的为：中国人寿（11 159件）、平安人寿（4 345件）、太平洋人寿（4 097件）、新华人寿（3 862件）、泰康人寿（3 706件）、人民人寿（2 736件）、富德生命（2 009件）、太平人寿（1 616件）、阳光人寿（978件）和华夏人寿（882件）。

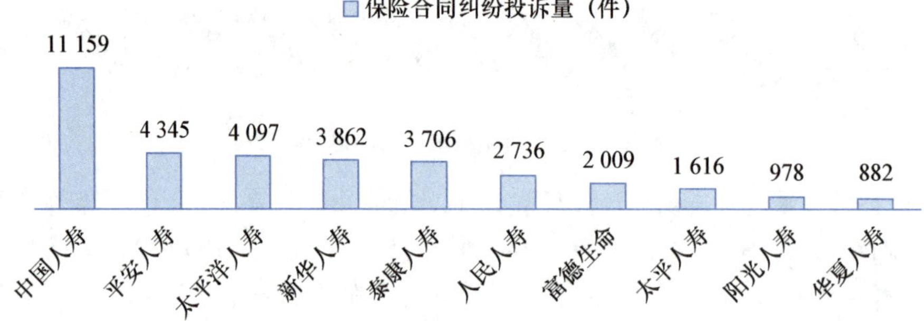

保险合同纠纷投诉量前10位的人身险公司

二、投诉与业务量对比情况

（一）财产险公司

2017年，财产险公司亿元保费投诉量平均值为4.65件/亿元。其中，亿元保费投诉量居前10位的公司为：安心财险（26.69件/亿元）、泰康在线（23.19件/亿元）、恒邦财险（22.57件/亿元）、众安在线（21.15件/亿元）、中煤财险（19.80件/亿元）、亚太财险（17.53件/亿元）、富德财险（15.93件/亿元）、永安财险（14.02件/亿元）、渤海财险（13.87件/亿元）和史带财险（13.59件/亿元）。

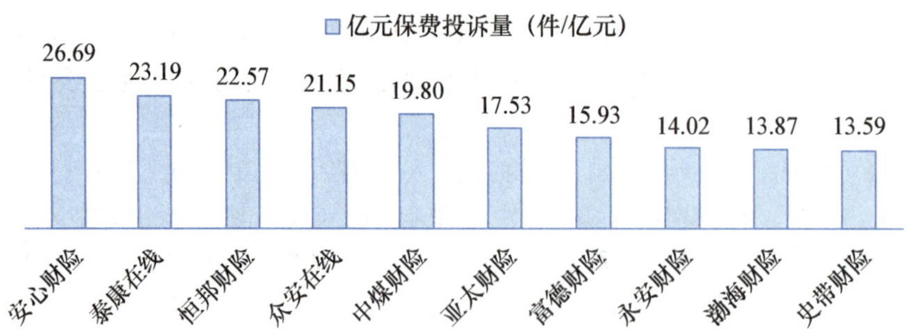

亿元保费投诉量前10位的财产险公司

2017年，财产险公司万张保单投诉量平均值为0.03件/万张。其中，万张保单投诉量居前10位的公司为：中原农险（3.37件/万张）、安达保险（3.17件/万张）、国元农险（2.83件/万张）、恒邦财险（2.80件/万张）、长江财险（2.65件/万张）、中煤财险（2.61件/万张）、安华农险（2.58件/万张）、中航安盟（2.37件/万张）、阳光农险（2.23件/万张）和中路财险（2.22件/万张）。

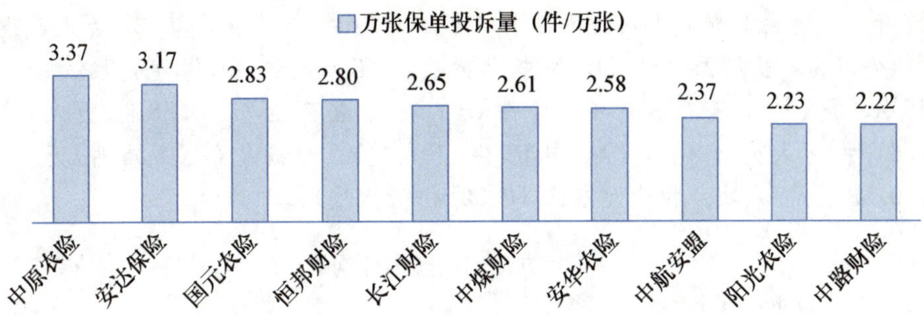

万张保单投拆量前 10 位的财产险公司

（二）人身险公司

2017 年，人身险公司亿元保费投诉量平均值为 1.69 件/亿元。其中，亿元保费投诉量居前 10 位的公司为：德华安顾（7.73 件/亿元）、北大方正（6.83 件/亿元）、瑞泰人寿（4.70 件/亿元）、民生人寿（4.18 件/亿元）、平安健康（3.91 件/亿元）、新华人寿（3.73 件/亿元）、泰康人寿（3.37 件/亿元）、华泰人寿（3.17 件/亿元）、太平养老（3.15 件/亿元）和中美联泰（3.08 件/亿元）。

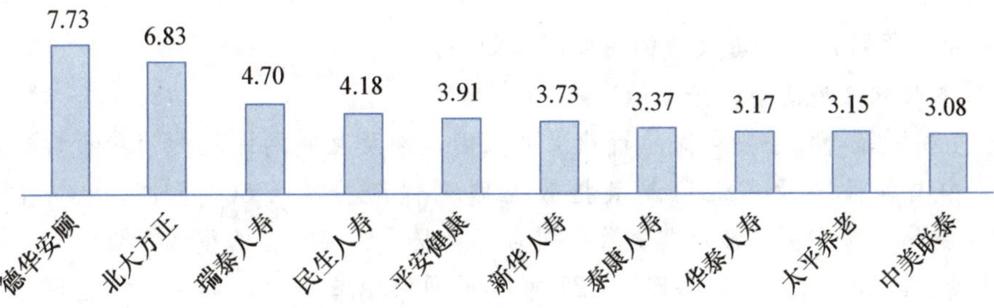

亿元保费投诉量前 10 位的人身险公司

2017 年，人身险公司万张保单投诉量平均值为 0.47 件/万张。其中，万张保单投诉量居前 10 位的公司为：德华安顾（2.62 件/万张）、复星保德信（2.40 件/万张）、汇丰人寿（1.92 件/万张）、人民健康（1.84 件/万张）、中德安联（1.80 件/万张）、安邦养老（1.71 件/万张）、工银安盛（1.67 件/万张）、富德生命（1.48 件/万张）、人民人寿（1.37 件/万张）和恒安标准（1.32 件/万张）。

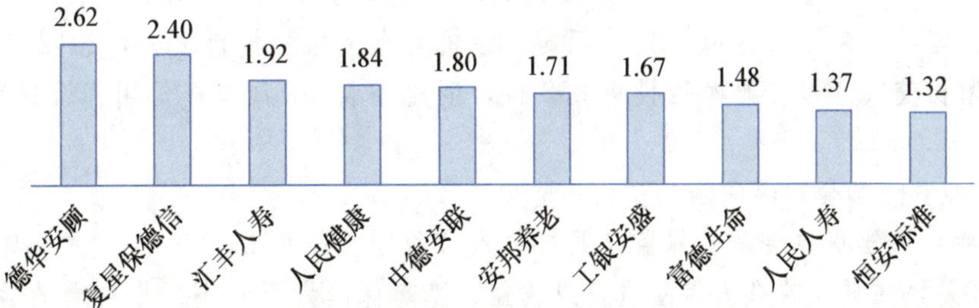

万张保单投诉量前 10 位的人身险公司

2017年，人身险公司万人次投诉量平均值为0.09件/万人次。其中，万人次投诉量居前10位的公司为：复星保德信（1.95件/万人次）、汇丰人寿（1.92件/万人次）、德华安顾（1.15件/万人次）、安邦养老（1.04件/万人次）、富德生命（0.88件/万人次）、工银安盛（0.64件/万人次）、合众人寿（0.61件/万人次）、长城人寿（0.55件/万人次）、昆仑健康（0.53件/万人次）和北大方正（0.52件/万人次）。

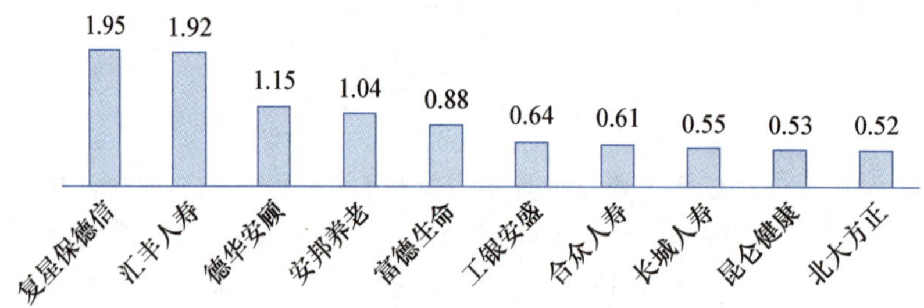

万人次投诉量前10位的人身险公司

三、投诉反映的主要问题

2017年，保险消费投诉反映的主要问题如下：

（一）互联网保险消费投诉大幅增长

随着互联网等科技手段在保险行业深度应用，涉及互联网保险的消费投诉逐渐增多。2017年，中国保监会及各保监局共接收互联网保险投诉4 303件，较去年同期增长63.05%。销售平台方面，涉及非保险公司自营互联网销售平台的投诉3 821件，占互联网保险消费投诉的88.80%，具体涉及127家各类网络销售平台，其中，携程网、支付宝、微信、淘宝等4家大型互联网平台的投诉占非保险公司自营平台投诉的47.87%。专业互联网保险公司方面，4家专业互联网保险公司投诉1 498件，其中，众安在线1 217件、泰康在线166件、安心财险83件、易安财险32件，分别占互联网保险消费投诉的28.28%、3.86%、1.93%、0.74%。互联网保险消费投诉反映问题主要集中于销售告知不充分或有歧义、理赔条件不合理、拒赔理由不充分等。

（二）财产险投诉主要集中在车险理赔

2017年，中国保监会及各保监局共接收机动车辆保险投诉42 068件，其中理赔投诉32 044件，占投诉总量的76.17%。主要反映车险定核损和核赔阶段的责任认定争议、理赔时效慢、理赔金额无法达成一致等问题。除机动车辆保险投诉之外，2017年非车保险消费投诉增长较快，如农业保险投诉802件，同比增长40.70%；信用保证保险272件，同比增长183.33%。

（三）人身险销售纠纷问题仍然比较突出

2017年，中国保监会及各保监局共接收人身险销售投诉21 329件，占人身险投诉总量的46.00%，主要反映夸大保险责任或收益、隐瞒保险期限和不按期交费的后果、隐瞒解约损失和满期给付年限、虚假宣传等问题。人身险销售纠纷投诉中，涉及银邮兼业代理

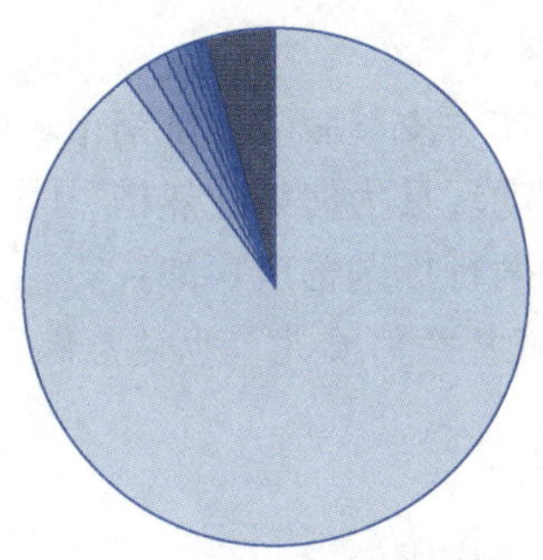

财产险投诉险种分布情况

渠道 9 498 件，占比 44.53%，涉及营销员渠道 8 889 件，占比 41.68%。

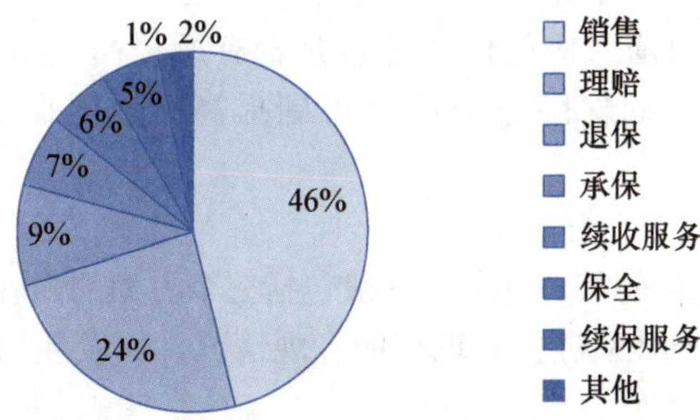

人身险投诉事项情况

（四）消费者商旅相关保险投诉值得关注

近年来，保险产品多样化发展，逐渐深入消费者的日常生活，与商旅相关的场景化产品投诉也随之增多。2017 年全年，涉及网络购物、旅游相关的退货运费险、数码产品意外险、旅游险、航班延误险、酒店取消险等险种投诉共计 1 300 多件。商旅相关投诉主要反映夸大产品责任、夸大服务内容、责任免除事项显示不完全、不实宣传等问题。与出行相关的保险消费投诉呈现季节性和气候性特点。

（资料来源：中商产业研究院网站。）

相关知识点

一、市场调查报告的格式内容的补充说明

1. 标题

市场调查报告的标题应概括全文的基本内容，做到准确、简洁、醒目。常见的写法有：

（1）单行标题可由调查对象、调查内容（范围）、文种构成，如“天津自行车在国内外市场地位的调查”。

（2）可直接揭示调查结论，如“皮革服装在济南市场畅销”。

（3）也可提出问题，如“电动玩具为何如此热销”。

（4）双行标题一般由正、副两行标题构成，如：

“皇帝的女儿”也“愁嫁”

——关于舟山鱼滞销情况的调查

2. 正文

正文一般由前言和主体两部分构成。

（1）前言。

前言常见的写法有：

1）介绍调查活动的一般情况。如调查组织单位、目的、时间、地点、对象、范围、方式、结果等。

2）介绍调查对象的基本情况。

3）提出问题。如：目前人们的保险意识是否有所提高？市场调查表明：随着保险业的高速发展，现在人们的保险意识已经得到提高，全国保费收入飞速发展，逐年提高。

（2）主体。

主体部分也是调查报告的核心部分，一般包括三个方面的内容：

1）基本情况。即调查对象过去和现在的客观情况，如发展历史、市场布局、销售情况等。

2）分析与结论。对调查所收集的材料进行科学的分析，从分析中得出结论性意见。

3）措施与建议。根据调查结论，提出相应的措施和建议。

一些小型市场调查报告，反映的是微观的、局部性的问题，它们篇幅短小，在形式上、写法上往往很灵活，但也足以向人们传递市场某一方面的信息。作为初学者，可以多练习写这样的小型市场调查报告。

二、市场调查报告的写作要领

1. 要做好市场调查研究工作

写作前，要根据确定的调查目的，进行深入细致的市场调查，掌握充分的材料和数据，并运用科学的方法，进行分析研究判断，为写作市场调查报告打下良好的基础。

2. 要实事求是，尊重客观事实

写作市场调查报告一定要从实际出发，实事求是地反映出市场的真实情况，一是一，二是二，不夸大，不缩小，要用真实、可靠、典型的材料反映市场的本来面貌。

3. 要中心突出，条理清楚

运用多种方式进行市场调查，得到的材料往往是大量而庞杂的，要善于根据主旨的需要对材料进行严格的鉴别和筛选，给材料归类，并分清材料的主次轻重，按照一定的条理，将有价值的材料组织到文章中去。

三、几种主要的图表

收集来的数据，经过加工处理后，才有可能成为有价值的信息。信息的提供方式有多种，而图表是较好的一种。统计资料往往以图表的形式来描述，能简洁、系统地说明各种有关的数字资料。通过图表较好的视觉效果，我们可以直接查看数据的差异和预测趋势，并能对有关数据进行对比，反映变量的变化趋势及其相互关系。另外，图表也是专业人员和非专业人员沟通的重要方式。主要的图表有：

1. 圆饼图

圆饼图（见图 2－1）是以圆的整体面积代表被研究现象的总体，按各构成部分占总体比重的大小，把圆面积分割成若干扇形来表示部分与总体的比例关系。

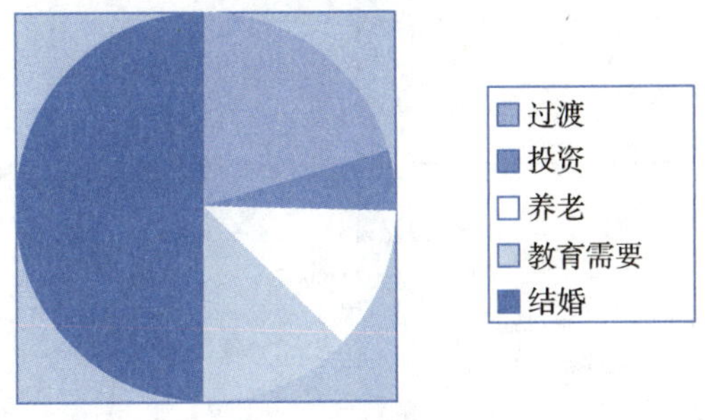

图 2－1　圆饼图示例

2. 曲线图

曲线图（见图 2－2）是利用线段的升降来说明现象的变动情况，主要用于表示现象在时间上的变化趋势、现象的分配情况和若干个现象之间的依存关系。曲线图可分为简单曲线图和复合曲线图。简单曲线图用于描述一段时间内单个变量的历史状况及发展趋势，复合曲线图描述两个或两个以上变量一段时间内的历史状况及发展趋势。

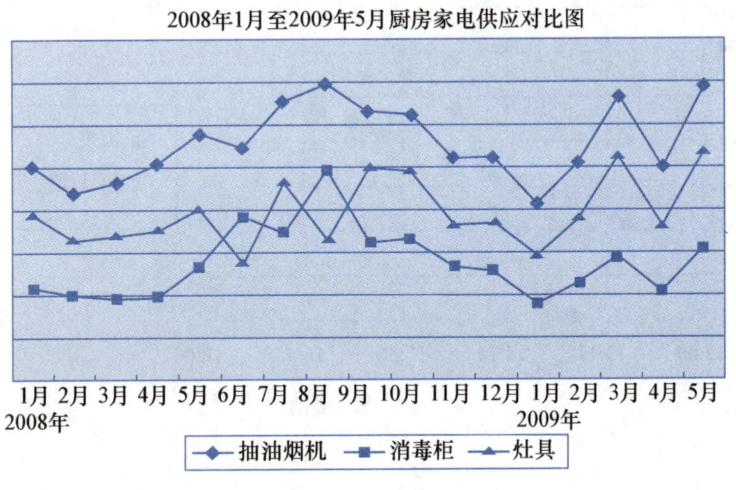

图 2－2　曲线图示例

3. 柱形图

柱形图（见图 2－3）是利用相同宽度的条形的长短或高低来表现数据的大小与变动。柱形图可以清楚地表现各种不同数值资料相互对比的结果。柱形图可分为简单柱形图和复合柱形图。简单柱形图适用于说明一段时间内一个变量的变化，复合柱形图适用于说明两个或两个以上变量的变化及对比关系。

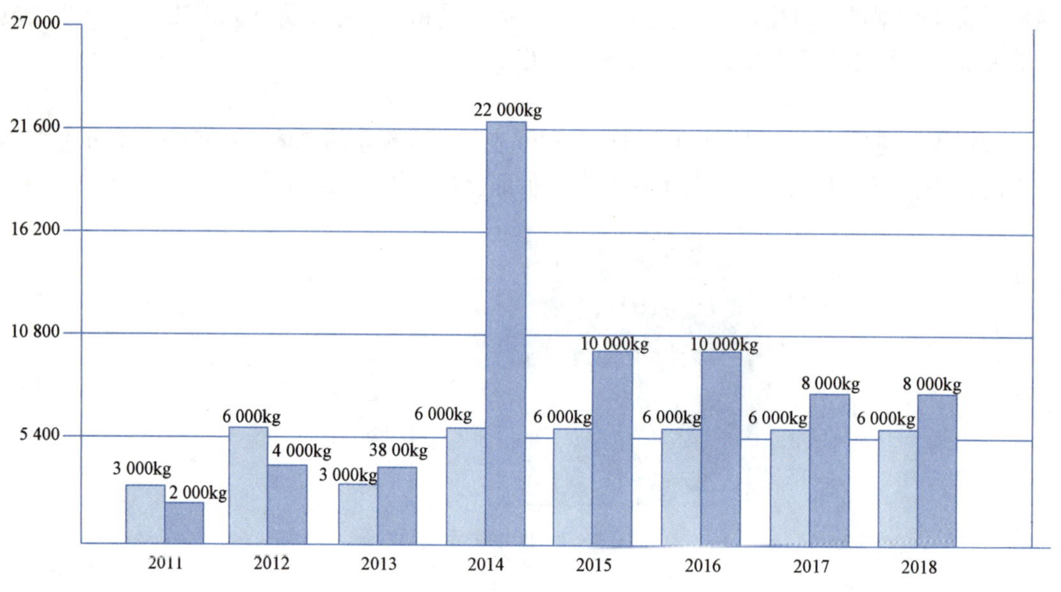

图 2－3 柱形图示例

4. 其他图形

此外，还有其他一些常用的图形，如散点图（见图 2－4）、面积图（见图 2－5）、高低图、控制图、雷达图、箱型图等，这里不一一介绍。

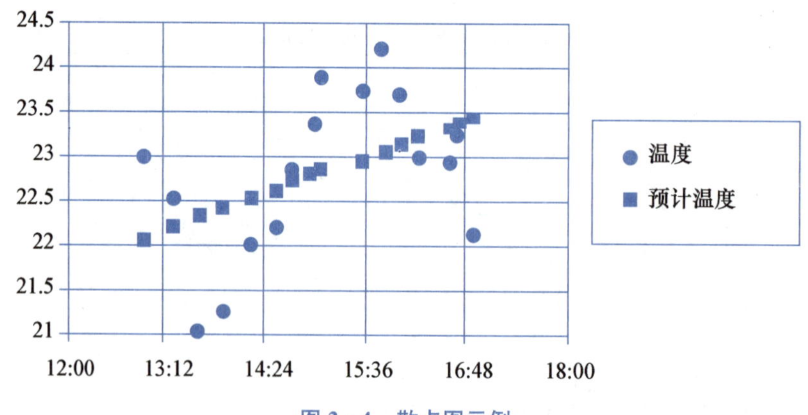

图 2－4 散点图示例

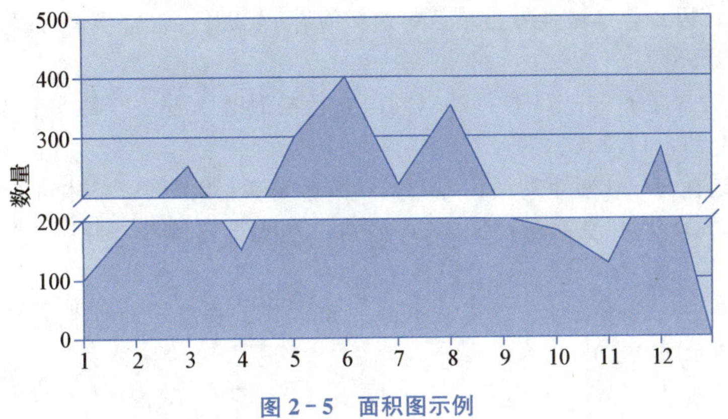

图 2-5　面积图示例

实战演练

1. 在目前学生中普遍使用的手机或其他电子产品或所玩的手机游戏中选择一个作为调查主体，以本校学生使用状况为主题做市场调查，写出一篇小型市场调查报告。

2. 根据下述材料，撰写一篇市场调查报告。

中国饮料工业协会统计报告显示，国内果汁及果汁饮料实际产量超过百万吨，同比增长33.1%，市场渗透率达36.5%，居饮料行业第四位，但国内果汁人均年消费量仅为1公斤，为世界果汁平均消费水平的1/7，西欧国家平均消费量的1/4，市场需求潜力巨大。

我国水果资源丰富，其中，苹果产量是世界第一，柑橘产量世界第三，梨、桃等产量居世界前列。据权威机构预测，到2×05年，我国预计果汁产量可达150万～160万吨，人均果汁年消费量达1.2公斤左右。2×15年，预计果汁产量达195万～240万吨，人均年消费量达1.5公斤。

近日，我公司对市果汁饮料市场进行了一次市场调查，根据统计数据，我们对调查结果进行了简要的分析。

追求绿色、天然、营养成为消费者选择果汁饮料的主要目的。品种多、口味多是果汁饮料行业的显著特点，据市场调查显示，每家大型超市内，果汁饮料的品种都在120种左右，厂家达十几家，竞争十分激烈，果汁的品质及创新成为果汁企业获利的关键因素，品牌果汁饮料的淡旺季销量无明显区分。

目标消费群——调查显示，在选择果汁饮料的消费群中，15～24岁年龄段的占了34.3%，25～34岁年龄段的占了28.4%，其中，又以女性消费者居多。

影响购买因素——口味：酸甜的味道销得最好，低糖营养性果汁饮品是市场需求的主流。包装：家庭消费首选750ml和1L装的塑料瓶大包装；260ml的小瓶装和利乐包为即买即饮或旅游时的首选；礼品装是家庭送礼时的选择；新颖别致的杯型因喝完饮料后瓶子可当茶杯用，也能影响部分消费者的购买决定。

饮料种类选择习惯——71.2%的消费者表示不会仅限于一种，会喝多种饮料；有什么喝什么的占了20.5%；表示就喝一种的有8.3%。

品牌选择习惯——调查显示，习惯于多品牌选择的消费者有54.6%；习惯性单品牌选择的有13.2%；因品牌忠诚性做出单品牌选择的有14.2%；价格导向占据了2.5%；追求方便的比例为15.5%。

饮料品牌认知渠道——广告：75.4%；自己喝过才知道：58.4%；卖饮料的地方：24.5%；亲友介绍：11.1%。

购买渠道选择——在超市购买：61.2%；随时购买：2.5%；个体商店购买：28.4%；批发市场：2.5%；大中型商场：5.4%；酒店、快餐厅等餐饮场所也具有较大的购买潜力。

一次购买量——选择喝多少就买多少的有62.4%；选择一次性批发很多的有7.7%；会多买一点存着的有29.9%。

第三章 保险营销模式创新

第一节 保险营销人员个人网站的建立

实训目的

在当今这个数字化的时代中，网络已经成为人们日常生活中必不可少的部分。保险营销人员要想通过网络，开展保险销售，给自己创造一个事业发展的契机，给企业和个人一个宣传的途径，拥有自己的个人网站是必不可少的。本实训的目的就是让大家学会如何建立自己的个人网站。

实训要求

参照具体的实训步骤，要求学生能够完成下列操作内容：

（1）申请一个网站的域名。

（2）建立网站空间和个人主页，将主页上传到网站空间上，并且能够通过网络浏览此主页。

实训实施

本实训描述了一个网站从建立到后期维护的完整过程。建立网站是一个长期复杂的工程，有些步骤在短短的几次实训操作中是无法实现的，此处只是列出来，让大家能了解一个完整的过程。

一、确定主题

一个网站必须要有一个明确的主题。特别是对于个人网站，它不可能像综合网站那样做得内容多而全，包罗万象。个人没有这个能力，也没这个精力，所以必须要找准一个自己最感兴趣的内容，做深、做透，凸显出自己的特色，这样才能给浏览者留下深刻的印象。网站建设的主题没有限制，只要是个人感兴趣的任何内容都可以，但主题要鲜明，在自己的主题范围内把内容做到多而全、精而深。当然，现在流行的博客是另外一种意义上的个人网站，它关注的是个人的观点与爱好，内容丰富，没有固定明确的主题。

当网站主题确定好了以后，一个好的网站名将是推广网站的利器。网站名称不要太长，要易记，最好在四个字以内，长了别人不易记。比如新浪、淘宝、网易、百度、天极网、谷歌，你能够一口气说出的网站都是名字比较短的，并且一般都在四个字以内。

二、域名申请

除了网站名之外，一个容易记忆的域名也是优秀网站的必备条件。域名是网站在全球网络上的唯一标识，也是网络用户浏览该网站的门牌号和进入标识。域名的使用是全球范围的，没有严格的地域性限制。从时间性的角度看，域名一经获得即可永久使用；域名在网络上是绝对唯一的，一旦取得注册，其他任何人不得注册、使用相同的域名，因此其专有性也是绝对的。

在新的经济环境下，域名所具有的商业意义已远远大于其技术意义，已经成为企业在新的科学技术条件下参与国际市场竞争的重要手段。它不仅代表了企业在网络上的独有的位置，也是企业的产品、服务范围、形象、商誉等的综合体现，是企业无形资产的一部分。同时，域名也是一种智力成果，它是有文字含义的商业性标记，与商标、商号类似，体现了一定的创新性。

常见的 . com、. net、. cn 属于一级域名，而一级域名下的域名称为二级域名，域名整体包括两个“.”，例如“. abc. com”或“. abc. cn”。新浪中文的主页 www. sina. com. cn 其实就是一个二级域名。

域名的使用必须经过法定机构的注册，并且需要缴纳固定的年费。中国互联网络信息中心（China Internet Network Information Center，简称 CNNIC）是经国家主管部门批准，于 1997 年 6 月 3 日组建的管理和服务机构，行使国家互联网络信息中心的职责。只有由 CNNIC 认证的域名注册服务机构才能提供域名注册服务。这些机构在 CNNIC 的网站（http：//www. cnnic. cn）上都可以找到。

当然，免费是网络最大的特点。在网上，也能找到很多免费域名注册网站。但这里一般只能申请到二级域名，提供顶级免费域名的往往是陷阱。通常免费期是一年，第二年的续费很高，申请时一定要看清注意事项，以防受骗。

域名的注册遵循先申请先注册原则，管理机构对申请人提出的域名是否违反了第三方的权利不进行任何实质审查。各个机构管理域名的方式和域名命名的规则有所不同，但也有一些共同的规则：

1. 域名中只能包含的字符

（1）26 个英文字母。

(2)“0、1、2、3、4、5、6、7、8、9”10个数字。

(3)“-”(英文中的连字符)。

2. 域名中字符的组合规则

(1)在域名中,不区分英文字母的大小写。

(2)域名最长可达67个字节(包括后缀.com、.net、.org等)。

(3)中文国内域名组合规则:各级域名长度限制在20个合法字符(汉字,英文a～z,A～Z,数字0～9和“-”等均算一个字符);不能是纯英文或数字域名,应至少有一个汉字;“-”不能连续出现。

三、空间申请

有了自己的域名这个门牌号码后,下一步就需要一个空间盖房子建立自己的网站,而这个空间在网络上就是服务器。通常情况下,有以下几种方式可供选择:

(1)虚拟主机方式:所谓虚拟主机是使用特殊的软硬件技术,把一台服务器分成多台“虚拟”的主机,在外界看来,虚拟主机与真正的主机没有任何区别。网络上有很多地方提供收费或免费的空间,基本上都是采用这种方式。一般虚拟主机提供商都能向用户提供100MB、500MB、1 000MB甚至一台服务器的虚拟主机空间。用户可视网站的内容设置及其发展前景来选择。一页网页所占的磁盘空间是20～50KB,100MB可以放置2 000～5 000页,但如果对网站有特殊的要求,如图片较多、动画较多、需要提供文件下载或有数据库等,就需要多一些空间。

(2)独立的服务器:对于经济实力雄厚且业务量较大的网站,也可以购置自己独立的服务器,但这需要很高的费用。当然,如果你的流量或访问量还没有达到一定的水平,使用一台普通的电脑也能暂时充当服务器主机的功能。

但无论使用哪种方式,都要将服务器主机的IP地址告知域名注册的机构,这样才能保证网络用户通过域名的方式访问你的网站。

四、网站规划

Web站点是一组具有相关主题、类似的设计、链接文档和资源的网站。Dreamweaver是一个站点创建和管理工具,使用它不仅可以创建单独的文档,还可以创建完整的Web站点。网站建设得成功与否,与设计者的规划能力有相当大的关系。规划网站就像建筑师设计大楼一样,纸上作业设计好了,才能建成一座漂亮的楼房。网站规划包含的内容很多,如网站的结构、项目的设定、网站的风格、颜色搭配、版面布局、文字图片的运用等,只有在制作网页之前把这些方面都考虑到了,才能在制作时驾轻就熟、胸有成竹,也只有如此,制作出来的网页才能有个性、有特色、有吸引力。

此处以Dreamweaver CC为例,简单介绍如何创建站点。

请执行以下操作:

启动Dreamweaver CC,选择“站点”→“管理站点”(即从“站点”菜单选择“管理站点”),出现“管理站点”对话框,见图3-1。

图 3-1

在“管理站点”对话框中，单击“新建站点”，出现“站点设置对象”对话框，见图 3-2。

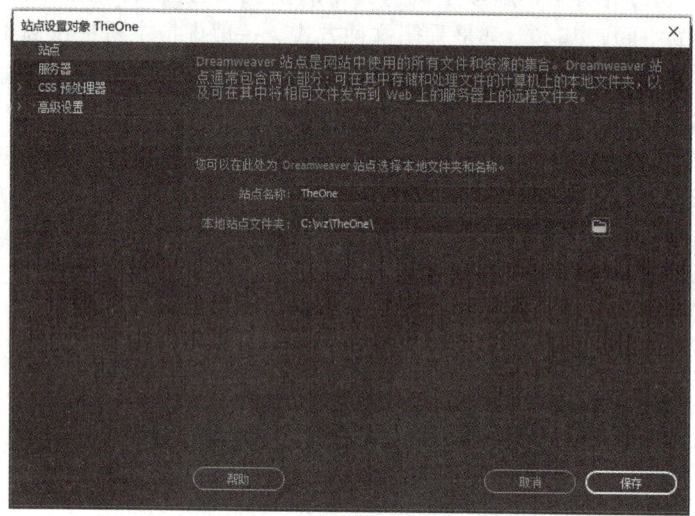

图 3-2

在“站点名称”文本框中输入一个名称，以在 Dreamweaver CC 中标识该站点。该名称可以是任何所需的名称。

单击“本地站点文件夹”文本框旁边的文件夹图标，选择本地文件的保存位置。

单击保存按钮，保存设置信息，并关闭此对话框。

规划完之后就要围绕主题开始收集材料了。俗语说“巧妇难为无米之炊”，要想让自己的网站有血有肉，能够吸引住浏览者，就要尽量收集材料，收集的材料越多，以后制作网站就越容易。材料既可以从图书、报纸、光碟、多媒体上得来，也可以从网络上收集，然后把收集的材料去芜存菁，作为自己制作网页的素材。

五、网页制作

网页设计是所有步骤中最具创造性的工作。好的设计能牢牢吸引住来访者。新手做的网页，可能不如一些大网站的网页花俏，不过一个清晰简洁的网页同样可以吸引读者，你可以不断改进网页来迎合来访者，最关键的内容吸引人才。如果你对学习网页设计毫无兴趣，你可以选择套用网页模板或要求服务商为你制作。

尽管选择什么样的工具并不会影响设计网页的好坏，但是一款功能强大、使用简单的软件往往可以起到事半功倍的效果。目前制作网页的工具很多，其中 Dreamweaver 是一款所见即所得的网页代码编辑器。利用对 HTML、CSS、JavaScript 等内容的支持，设计师和程序员可以在几乎任何地方快速制作和进行网站建设。另外再配合上 AdobeAnimate (原 Flash 软件)、Photoshop、Illustrator、GifAnimator 等辅助工具，基本上就可以满足日常所需了。

此处我们依然以 Dreamweaver CC 为例，创建自己的主页。

从头创建自己的页面，选择“文件”→“新建”，弹出如图 3-3 所示的对话框。

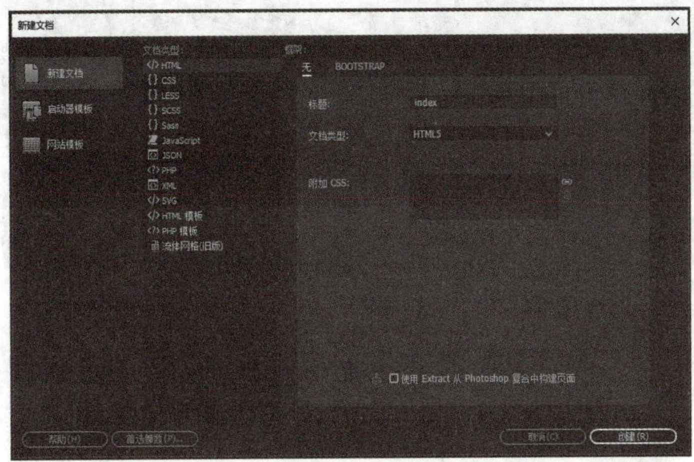

图 3-3

选择“HTML”文档类型，修改文档标题为“index”，单击“创建”按钮。Dreamweaver CC 即展开工作区界面（一个空白页），如图 3-4 所示。

图 3-4

你可以在这个空白页添加表格和输入文本进行编辑（下方的代码编辑区域可以先不用关注）。如果你要向页面添加图片或其他元素，应先保存这个空白页。选择“文件”→“另存为”，在“另存为”对话框中，浏览到站点本地根文件夹下，填入文件名，保存退出。网站中的第一页，也就是首页，我们通常在存盘时取名为 index. htm。

现在，我们以如图 3－5 所示的简单网页为例，叙述一下制作过程。

图 3－5

在开始制作之前，我们先对这个页面进行一下分析，看看这个页面用到了哪些东西。

- 网页的背景是一幅图片。
- 网页顶端的标题“我的主页”是一段文字。
- 最下端的欢迎词是一段文字。

知道了这个网页的结构以后我们就可以开始制作了。

首先启动 Dreamweaver CC，确保已经用站点管理器建立好了一个网站（根目录）。为了制作方便，请事先打开资源管理器，把要使用的背景图片收集到网站目录 images 文件夹内。注：为了管理方便，我们把图片放在“images”文件夹内。如果图片少，也可以放在站点根目录下。文件名要用英文或用拼音文字命名而且使用小写，不能用中文，否则会有一些麻烦。

1. 设置网页的背景

选择菜单“文件”→“页面属性”，弹出如图 3－6 所示的对话框。单击“背景图像”后面的“浏览”按钮，选择保存在 images 文件夹内的背景图片。将“重复”属性设置为“no-repeat”。按“确定”按钮保存页面属性设置。

2. 插入标题文字

选择菜单“插入”→“标题”→“标题 1”，修改布局标题 1 标签的内容为“我的主页”。在一般情况下，编辑器默认左对齐，光标在左上角闪烁，光标位置就是插入点的位置。如果要想让文字居中或改变文字的大小，可以通过属性面板进行设置。

选中标题 1，选择菜单“窗口”→“属性”，弹出如图 3－7 所示的对话框。

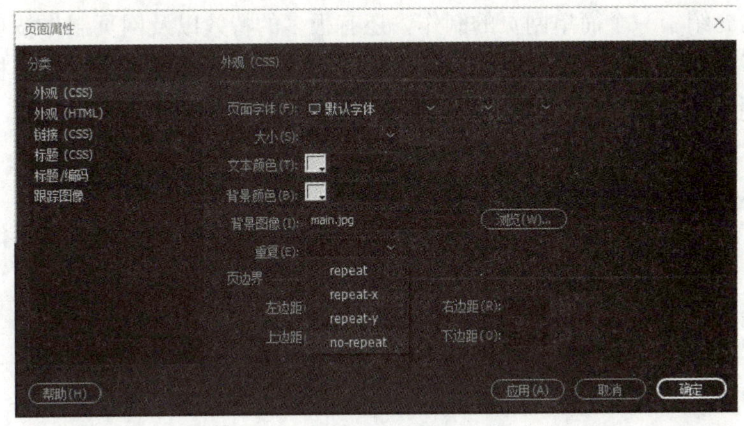

图 3-6

图 3-7

3. 设置文字的格式

选中文字，在属性面板中将字体格式设置成默认字体，大小可任意更改字号，并选中“居中”图标，将字体放在网页中央的位置。

4. 设置文字的颜色

选中文字，在属性面板中，单击颜色选择图标，在弹出的颜色选择器中选取颜色即可，如图 3-8 所示。

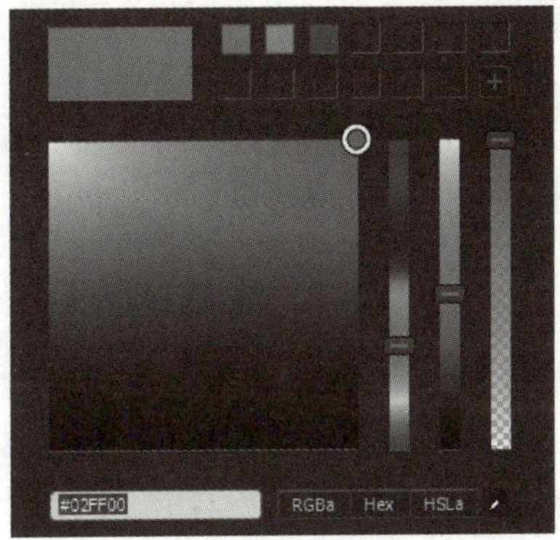

图 3-8

5. 输入欢迎文字

选择菜单“插入”→“段落”，在标题下方输入段落文字“欢迎您……”，可以使用“Shift+Enter”的换行方式将欢迎文字移动到页面的最下方，同样利用属性面板对文字进行设置。一个简单的页面就这样编辑完毕了。

6. 预览网页

在页面编辑器中按 F12 预览网页效果。

这里只是介绍了一个简单网页的制作，还有很多的特效以及网页制作技巧需要大家在实际操作中多加实践，才能逐渐掌握和应用。在制作网页时要多灵活运用模板，这样可以大大提高制作效率。

作为一个初学者，网页制作时一般要注意以下几点：

（1）网页要沉稳，不要花里胡哨。

网页制作人往往喜欢猎奇，弄一些不必要的东西，比如弹出窗口、脚本代码、很大的图片等。

（2）网页要素净、大气，不要五彩缤纷。

注意在一个网站的页面里不要用色太杂。要确定一个颜色主调，再搭配一两种反差不太大的颜色即可。正文文字的大小要基本统一，文字的颜色也不要花花绿绿。不要认为制作网页的关键是以大文字和鲜艳的色彩来强调很多意思，实际上这样使人眼花缭乱，什么都强调不了，也很不大气。

（3）网页要有个性、有风格，要突出行业的特点。

比如娱乐网站可以热烈一些、活泼一些；政府网站则要庄重一些；收藏、书画业的网站要古朴典雅；策划、时装业的网站则要前卫一些；保险业的网站要突出保险诚信的主题。

（4）一个网页不要太长，一般两屏到三屏就可以了。

在同一个网页里，如果文字或图片太多，既不美观，也会影响网页打开的速度。如果内容实在太多，应该分作几个页面，或者分为几个二级栏目。

（5）重点做好网站的首页。

网站的首页就好比一个人的脸面，如果脏兮兮的，会把客户吓跑。网站的首页做得好，里面的内容一般也会不错。

（6）做好统筹安排。

立体规划网页设计的内容，对整个站点做好统筹安排、规划，对所有的内容进行细致斟酌，把所有的想法组织起来设计一个合理的页面样式。

六、上传测试

网站建设完毕，最后要发布到 Web 服务器上，才能够让全世界的朋友浏览。现在上传的工具有很多，有些网页制作工具本身就带有 FTP 功能，利用这些 FTP 工具，你可以很方便地把网站发布到自己申请的主页存放服务器上。网站上传以后，你要在浏览器中打开自己的网站，逐页逐个链接地进行测试，发现问题，及时修改，然后再上传测试。全部测试完毕就可以把你的网址告诉客户和潜在的客户，让他们来浏览。

七、推广宣传

网页做好之后，还要不断地进行宣传，这样才能让更多的潜在的客户认识它，提高网站的访问率和知名度。一般比较常见的推广方法包括搜索引擎推广法、电子邮件推广法、资源合作推广法、信息发布推广法、病毒性营销法、快捷网址推广法、网络广告推广法、综合网站推广法等，这里就不一一展开说明了。

八、维护更新

再好的网站，如果建设好后没有定期的维护更新，经过时间的流逝，网站的内容将变得越来越陈旧，访问的流量也会越来越少。所以，当网站建设成功的时候，真正的工作才开始。保险营销人员一定要注意经常维护并更新内容，保持内容的新鲜。只有不断地给它补充新的内容，才能够留住老客户，吸收新客户。

当然，如果只是希望在网络上发表一些自己的观点，一个博客网站应该可以满足全部需求。博客可以理解为利用一些技术手段，让大家都可以方便地在互联网上建立自己的站点，用来表达自己的观点、知识和见解。除了展现自己外，还能够获得访问站点的读者的反馈，并且可以方便地对他们的反馈进行回复。

相关知识点

一、网站

网站（Website）：是指在因特网上，根据一定的规则，使用 HTML 等工具制作的用于展示特定内容的相关网页的集合。简单地说，网站是一种通信工具，就像布告栏一样，人们可以通过网站来发布自己想要公开的资讯，或者利用网站来提供相关的网络服务。人们可以通过网页浏览器来访问网站，获取自己需要的资讯或者享受网络服务。在因特网的早期，网站还只能保存单纯的文本。经过几年的发展，当万维网出现之后，图像、声音、动画、视频，甚至 3D 技术开始在因特网上流行起来，网站也慢慢地发展成我们现在看到的图文并茂的样子。通过动态网页技术，用户也可以与其他用户或者网站管理者进行交流。网站由域名、网站源程序和网站空间三部分构成。

二、域名

域名（Domain Name）：是因特网中用于解决地址对应问题的一种方法。网络是基于 TCP/IP 协议进行通信和连接的，每一台主机都有唯一的标识固定的 IP 地址，以区别在网络上成千上万个用户和计算机。IP 地址用二进制数来表示，每个 IP 地址长 32bit，由 4 个小于 256 的数字组成，数字之间用点间隔，例如 166.111.1.11 表示一个 IP 地址。由于 IP 地址是数字标识，使用时难以记忆和书写，因此在 IP 地址的基础上又发展出一种符号化的地址方案，来代替数字型的 IP 地址。每一个符号化的地址都与特定的 IP 地址对应，这样网络上的资源访问起来就容易得多了。这个与网络上的数字型 IP 地址相对应的字符型地址，就被称为域名。

实战演练

根据老师讲授的实训步骤，建立自己的网站空间。

要求：1. 3～4 人一组，进行研讨。

2. 申请一个网站的域名。

3. 建立网站空间和个人主页，将主页上传到网站空间上，并且能够通过网络浏览此主页。

4. 课后进一步完善。

第二节　保险营销人员即时通信的建立

实训目的

即时通信（Instant Messaging，简称 IM）是一种允许两人或多人使用网络即时传递文字信息、文档、语音与视频交流的服务。最早的即时通信软件是 ICQ（ICQ 是英文中“I seek you”的谐音，意思是我找你）。后来，国内出现了现在大家使用最为广泛的腾讯 QQ。标识是一个可爱的卡通小企鹅，在国内有超过 8 亿的月活跃账户，最高同时在线账户能达到 2.50 亿。而腾讯 2011 年推出的微信更是后来居上，微信和 WeChat 的合并月活跃账户数达到 10.58 亿。利用即时通信，保险营销人员不仅可以与客户进行沟通，还可以进行保险业务的介绍和宣传，挖掘潜在的客户。

本实训的目的就是通过简单的介绍，让大家学会常见即时通信工具腾讯 QQ 和微信的使用，并了解国际上最流行的 WhatsApp 的基本功能。

实训要求

要求学生通过实训步骤中的描述，完成一个 QQ 账户的申请，查找用户并添加为好友，给好友用户发送即时消息、传送和接收文件。

要求学生完成一个微信账户的申请及简单使用。

实训实施

一、腾讯 QQ

腾讯 QQ 是深圳市腾讯计算机系统有限公司开发的一款基于因特网的即时通信（IM）软件。它支持在线聊天、视频电话、点对点断点续传文件、共享文件、网络硬盘、自定义面板、QQ 邮箱等多种功能，并可与移动通信终端等多种通信方式相连。

1. 腾讯 QQ 的安装

你可以从腾讯的网站上下载最新的软件版本进行安装。阅读《软件许可协议和青少年上网安全指引》并勾选“我已阅读并同意”，在下一界面选择 QQ 软件的使用环境，选择需要安装的一些腾讯 QQ 相关产品后，选择在默认目录下安装 QQ 或者单击“浏览”选择你的 QQ 安装目录，继续单击按钮“安装”，即可完成。

2. 注册 QQ 账号

在登录界面中单击“注册新账号”，如图 3-9 所示。

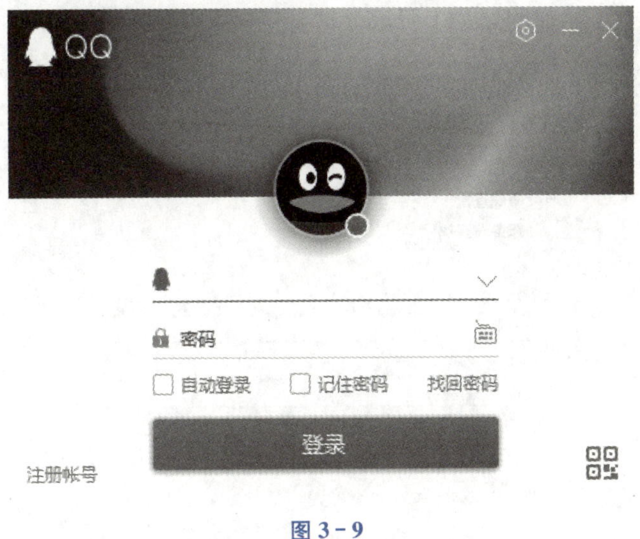

图 3-9

在打开的新页面“申请 QQ 账号”中，你可以选择“网页免费申请”“手机免费申请”“手机快速申请”“QQ 靓号申请”等不同的方式。

3. 登录 QQ

安装了腾讯 QQ 以后，如果将腾讯 QQ 设置为自动启动，每次启动 Windows 后腾讯 QQ 都会自动弹出对话框提示，输入 QQ 号码及密码即可登录 QQ。

如果腾讯 QQ 未设置为自动启动，你可以双击 QQ 图标，会弹出对话框提示，输入 QQ 号码及密码即可。

如果有多个号码，可以用鼠标单击 QQ 号码下拉框，选择某个 QQ 号码再登录。如果不想被别人打扰，但又确实想和其他网友交流，可以选择“隐身登录”，这样 QQ 好友看到你的头像仍然是灰色的，以为你不在线，就不会给你发消息了，但是你可以正常使用 QQ 的所有功能，不受影响。

4. 设置 QQ 的状态

登录 QQ 后，也可以改变 QQ 的状态。可以在 QQ 主面板左上方单击头像右下角的箭头，在下拉菜单中选择“我在上线”“Q 我吧”“忙碌”“离开”“静音”“隐身”“离线”等状态，还可以对系统托盘中的企鹅图标单击鼠标，在弹出菜单中完成此变换状态的操作，如图 3-10 所示。

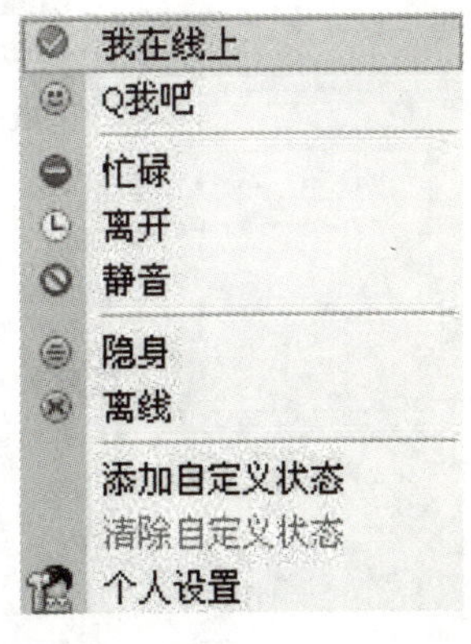

图 3-10

5. 查找和添加好友

在第一次使用 QQ，登录新号码时，好友名单是空的。如果要和其他人联系，必须要添加好友。

（1）可以通过精确查找添加好友。如果知道好友的QQ账号、E-mail或昵称，可以直接通过输入相应的信息进行查找，比如你知道对方的号码是10000，就可以单击QQ面板下方的“查找”按钮，输入对方的号码，再把对方添加为好友，对方通过你的请求后你们两人就可以互发消息了，如图3-11所示。

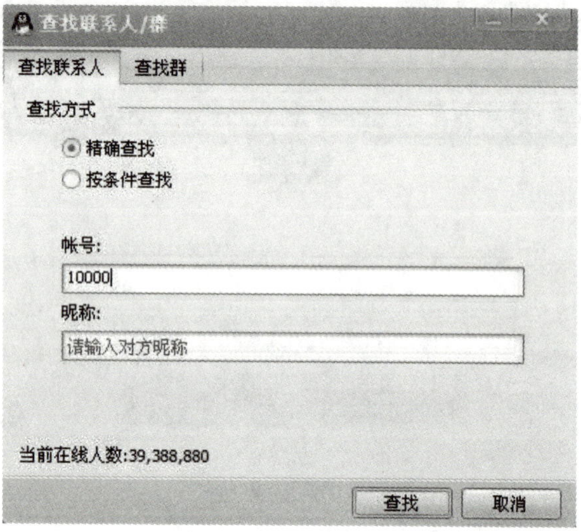

图3-11

（2）可以通过“按条件查找”添加好友。首先打开查找添加对话框，根据自己的要求，设定城市、年龄、性别等条件进行筛选，如图3-12所示。找到感兴趣的网友，可以将对方加为好友，如果对方设定了需要通过身份验证才能添加为好友的话，就需要对方接受请求后，才能将对方加为好友。在验证信息栏输入请求文字，单击“确定”按钮，请求对方通过验证，如图3-13所示。

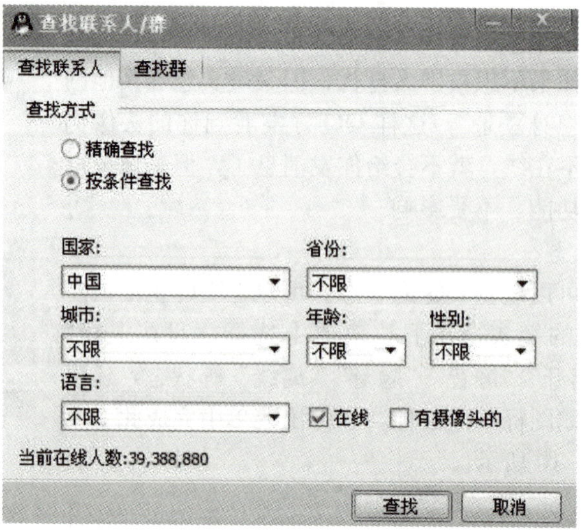

图3-12

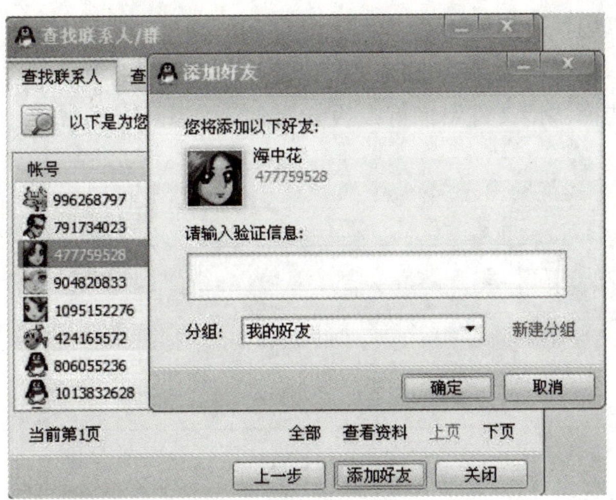

图 3－13

如果对方同意，系统会有提示，加入时可能需要选择一个组。当然也可能会被拒绝，表现为对方不给予通过身份验证或返回一个拒绝理由或者设置禁止任何人加为好友。如果对方主动发送来消息，他的头像会出现在“陌生人”组中，如果要移到“好友”组也可能会出现身份验证提示框。

6. 给好友发送 QQ 消息

双击好友头像，在聊天窗口中输入消息，单击“发送”，即可向好友发送即时消息，如图 3－14 所示。

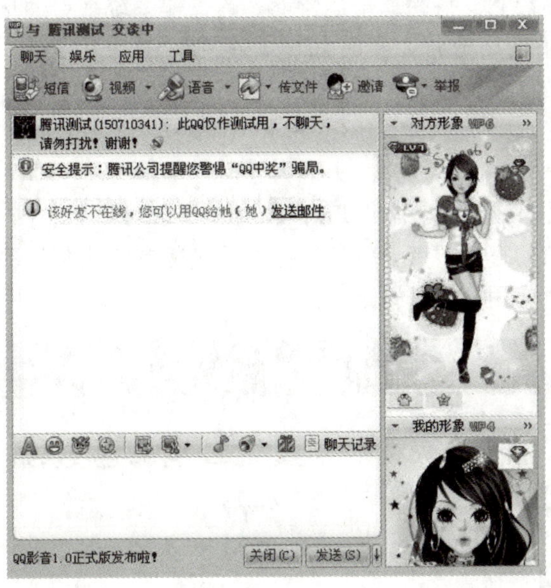

图 3－14

7. 给好友发送文件

通过 QQ 可以向好友传递任何格式的文件，例如图片、文档、歌曲等，并支持断点续传，传送大文件也不用担心中途中断了。

右击好友头像，在弹出菜单中选择“发送文件”向好友发送文件。

在聊天窗口中选择“传文件”向好友发送文件，如图 3-15 所示。

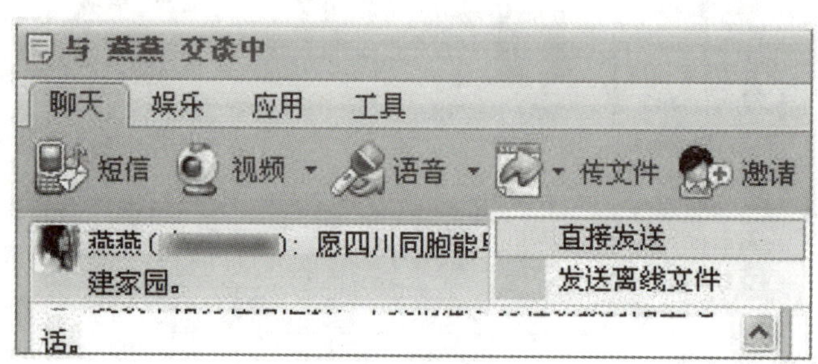

图 3-15

等待对方选择目录接收，连接成功后聊天窗口右上角会出现传送进程。文件接收完毕后，QQ 会提示打开文件所在的目录。接收文件步骤同上。

除此之外，QQ 还有很多功能，如设定和查看资料、语音聊天和视频电话、发送贺卡、个人主页、聊天记录、上线通知、备忘录管理、档案管理、好友分组、网络收藏夹、QQ 邮箱等，你可以登录到 QQ 的网站上进一步学习使用。

二、微信（WeChat）

微信（WeChat）是腾讯公司于 2011 年 1 月 21 日推出的一个为智能终端提供即时通信服务的免费应用程序。它支持跨通信运营商、跨操作系统平台通信，可以通过网络快速发送免费（需消耗少量网络流量）语音短信、视频、图片和文字。同时通过“摇一摇”“漂流瓶”“朋友圈”“公众平台”等服务插件，还可以进行基于位置的社交活动，及共享媒体内容。

1. 微信的安装

目前微信支持智能移动终端、Windows PC 版、Mac PC 版、网页版等多种使用方式，如图 3-16 所示。微信的官方站点上有各种操作系统版本的安装程序供下载。智能终端版本还可以通过各种手机应用商店进行下载。

图 3-16

本部分主要介绍智能终端版本的使用。通过手机自带的应用商店，下载并自动安装微信。安装成功后在手机桌面上会出现微信应用的小图标，如图 3－17 所示。

图 3－17

2. 注册和登录微信号

第一次使用微信，需要注册一个微信号。

打开微信应用，在界面上找到“注册”按钮并点击，出现如图 3－18 所示的注册页面。先输入“昵称”，点击右侧相机上传头像，输入“手机号码”和“微信密码”，再根据提示完成接下来的注册操作。

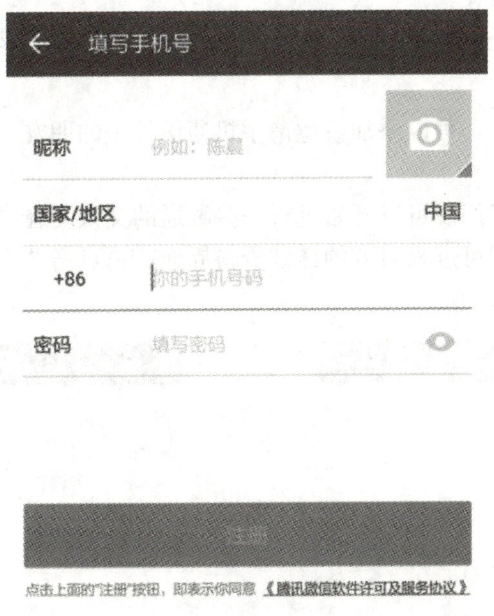

图 3－18

注册完成后，就可以使用新注册的微信号登录了（在忘记密码的情况下可以选择“用短信验证码登录”）。

3. 添加好友

首次登录一个新微信号时，微信里面是空的，没有好友信息更没有朋友圈，这时候需要添加好友才能进行通信和查看朋友圈。

如图 3－19 所示，点击底部“通讯录”，可以进入微信里的好友列表界面。点击右上角的“＋”，然后选择“添加朋友”，出现如图 3－20 所示界面。

图 3-19

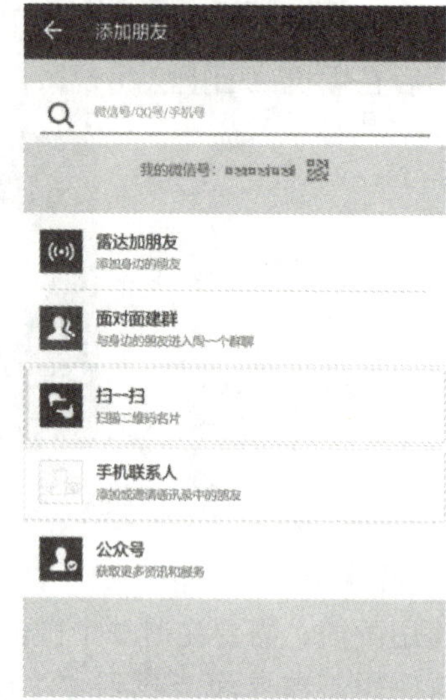

图 3-20

添加好友最常用的方式：

（1）扫一扫：点击“扫一扫”，扫描好友微信二维码，再选择“添加到通讯录”即可发送好友申请。

（2）添加手机联系人：可以添加或邀请手机通讯录中的朋友。

4. 与好友聊天

有了第一个好友，我们便可以开始进行一些普通的交谈。在“通讯录”界面下点击一个好友的头像或者名字即可进入对方的详细资料界面，再点击“发消息”即可与好友发起聊天如图 3-21、图 3-22 所示。

图 3-21

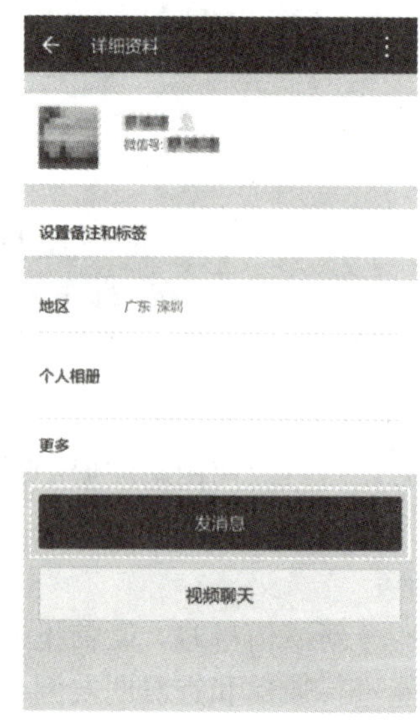

图 3-22

在图 3－23 所示的聊天界面中，可以输入文字，然后点击“发送”按钮发送信息。为了增加聊天的趣味，微信还提供了很多小表情，可以插入在文字中一起发送。另外，微信还支持动画表情、图片、小视频等多种多媒体文件的发送，如图 3－24 所示。

图 3－23

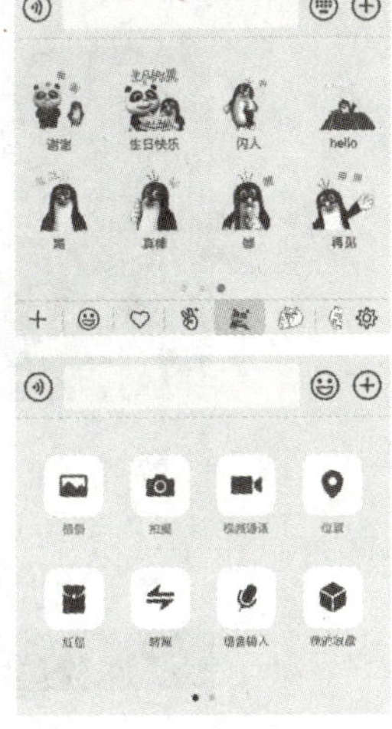

图 3－24

5. 语音聊天与视频聊天

微信同样也支持语音聊天和视频聊天。语音聊天还分为语音消息和实时语音聊天。

（1）语音消息。

打开与好友的聊天界面，点击底部左边的按钮，如图 3－25 所示。

如图 3－26 所示，按住底部出现的“按住 说话”按钮，对着手机说话，说完后，放开手指消息即发送。

如果收到对方发来的语音消息，只需要点击出现小红点的小框，朋友发来的语音就会自动用听筒播放，如图 3－27 所示。

图 3－25

图 3－26

图 3－27

（2）实时语音与视频通话。

点击输入框右上角的“＋”，在出现的图标中选择“视频通话”，会出现“视频通话”和“语音通话”两个选项（如图 3－28 所示）。根据你的需要，选择一个，就会发起实时的通话请求。注意：实时通话需要对方实时在线并接听，才能真正建立通话。

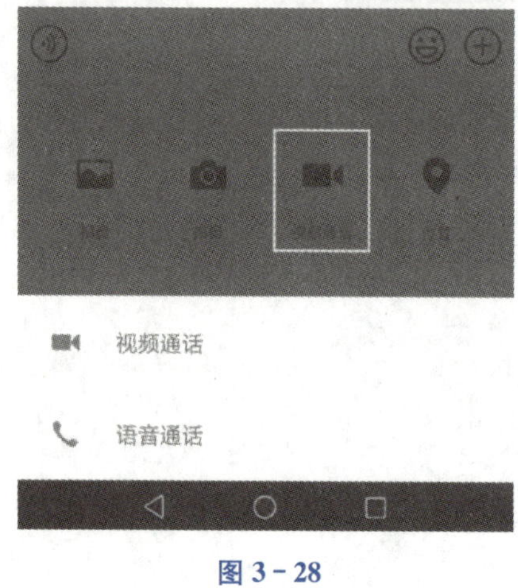

图 3－28

6. 多人聊天

微信还具有一个非常有趣的功能，就是可以邀请多个好友一起聊天。

实现方法：在“通讯录”界面下，点击右上角的“＋”，再选择“发起群聊”，如图 3－29 所示。

在如图 3－30 所示的界面中，在右侧小方框处勾选需要加入群聊的好友，最后点击确定即可。

图 3－29

图 3－30

上面简单介绍了微信的基本功能，除此之外，微信还有很多有趣、强大的功能，如位置共享、红包转账、发送文件、公众号、扫一扫、摇一摇、漂流瓶、小程序等，你可以登录到微信的网站上进一步学习使用。

三、WhatsApp

WhatsApp 是一款目前可供 iPhone 手机、Android 手机、Windows Phone 手机、WhatsApp Messenger、Symbian 手机和 Blackberry 黑莓手机用户使用的、用于智能手机之间通信的应用程序。它借助推送通知服务，可以即刻接收亲友和同事发送的信息，可免费从发送手机短信转为使用 WhatsApp 程序，以发送和接收信息、图片、音频文件和视频信息。

诞生以来，WhatsApp 逐步壮大，目前月活用户已经超过 15 亿，是世界上最为普及的即时通信软件，是非洲、南美、俄罗斯、印度等地区的首选通信软件。印度是其最大市场，有 2.5 亿月活用户。国内因为某些原因，暂时无法使用，有需要的可以自行在网络上搜索解决方案。

"朋友圈"、"公众号"、"小程序"、支付……从 2017 年 2 月推出可分享图片、视频和 GIF 图的"动态"功能起，WhatsApp 新上线的一系列功能都有着浓浓的"微信"痕迹，如图 3 - 31 所示。

图 3 - 31

应用基本功能简介：

（1）用户注册：WhatsApp 是基于手机号码注册的，在注册的时候，需要输入你的手机号码，并接受一条验证短信，然后 WhatsApp 会搜索你的手机联系人中已经在使用 WhatsApp 的人，并自动添加到你的联系人名单里。

（2）免费发短信：使用 WhatsApp，你可以通过 3G 或 Wi-Fi 网络与亲朋好友互发信息，支持发送文字、图片、音频或视频（占用数据流量）。

（3）语音通话功能：支持和亲朋好友互发语音信息及语音通话。

（4）支持消息广播功能：当你发现有趣的内容需要分享，但不想通过群组让其他人看到，又懒得一个一个发送，则可以使用消息广播功能，同时给多个用户单独发送消息。

（5）无国际长途收费：只要你的朋友也安装了 WhatsApp，你就可以与全球各地的朋友畅聊天下，并可避免国际手机短信费用带来的烦扰。

（6）无须登录/退出：WhatsApp 可利用推送通知服务，始终保持启用和连接状态。

（7）离线信息：即使错过了推送通知或关闭了手机，WhatsApp 也会保存在离线状态时接收的信息，直到再次使用本应用程序时找回并查看这些信息。

（8）支持中文：目前 WhatsApp 为英文界面，但中文显示、输入、发送并无问题。

相关知识点

即时通信是一个终端服务，允许两人或多人使用网络即时地传递文字信息、档案、语音与视频交流。即时通信又分手机即时通信和网站即时通信。随着时代的发展，手机即时通信从开始的短信逐步演化，目前已经可以支持图片/语音/视频等多种媒体格式，成为个人即时通信的首选方式。

一、概要

即时通信是一个终端连往即时通信网络的服务。即时通信不同于 E-mail 之处在于它的交谈是即时的。大部分的即时通信服务提供了 presence awareness（在场意识）的特性——显示联络人名单、联络人是否在线上和能否与联络人交谈。

在早期的即时通信程式中，使用者输入的每一个字都会即时显示在双方的屏幕上，且每一个字的删除与修改都会即时地反映在屏幕上，这种模式比起使用 E-mail 更像是电话交谈。在现在的即时通信程式中，交谈中只有一方在本地端按下发送键（Enter 或是 Ctrl+Enter）后另一方才会看到信息。

20 世纪 70 年代早期，一种较早的即时通信形式是柏拉图系统（Plato System）。之后在 20 世纪 80 年代，UNIX/Linux 的交谈即时信息被广泛地应用于工程师与学术界，20 世纪 90 年代即时通信跨越了网际网络交流。ICQ 是首个广泛被非 UNIX/Linux 使用者用于网际网络的即时通信软件。在 ICQ 问世之后，同时在许多地方即时通信方式飞速发展，且各式的即时通信方式有独立的协定，无法彼此互通。这导致使用者需同时执行两个以上的即时通信软件，或者他们可以使用支持多协定的终端软件，如 Gaim、Trillian 或 Jabber。

近年来，许多即时通信服务开始提供视讯会议的功能，网络电话（VoIP），与网络会议服务开始整合为兼有影像会议与即时信息的功能。于是，这些媒体的区别变得越来越模糊。

二、即时通信软件

最早的即时通信软件是 ICQ，ICQ 是英文中“I seek you”的谐音，意思是我找你。四名以色列青年于 1996 年 7 月成立 Mirabilis 公司，并在 11 月份发布了最初的 ICQ 版本，在 6 个月内有 85 万用户注册使用。

早期的 ICQ 很不稳定，尽管如此，还是受到大众的欢迎，雅虎也推出 Yahoo! pager，美国在线也将具有即时通信功能的 AOL 包装在 Netscape Communicator，而后微软更将 Windows Messenger 内建于 Microsoft Windows XP 作业系统中。

腾讯公司推出的腾讯 QQ 也迅速成为中国使用量最大的即时消息软件。而腾讯 2011

年推出的微信更是后来居上，微信和WeChat的合并月活跃账户数达到10.58亿。

而在国际上，WhatsApp（已被Facebook收购）、Facebook Messenger、日本的LINE、韩国的Kakao Talk等也牢牢占据了一席之地。

三、即时通信的行业应用

1. 个人即时通信

个人即时通信，主要是以个人（自然）用户使用为主，开放式的会员资料，非营利性目的，方便聊天、交友、娱乐，如Anychat、YY语音、IS、QQ、微信、网易POPO、新浪UC、百度HI、盛大圈圈、移动飞信、LAHOO（乐虎）、LASIN（乐信）、FastMsg、蚁傲等。此类软件，以网站为辅、软件为主，免费使用为辅、增值收费为主。

2. 商务即时通信

此处商务泛指买卖关系。商务即时通信，如企业平台网的阿里旺旺贸易通、阿里旺旺淘宝版、慧聪TM、QQ、MSN、Anychat、阳光互联Lync等。

商务即时通信的主要功用，是便于寻找客户资源或商务联系，以低成本实现商务交流或工作交流。此类以中小企业、个人实现买卖为主，外企方便跨地域工作交流为主。

3. 企业即时通信

企业即时通信，一种是以企业内部办公为主，建立员工交流平台，减少运营成本，促进企业办公效率；另一种是以即时通信为基础，整合相关应用，截至目前，企业通信软件被各类企业广泛使用，例如，信鸽、Anychat即时通信、ActiveMessenger、网络飞鸽、腾讯RTX、Arrow IM、叮当旺业通、微软Microsoft Lync、阳光互联Lync、大蚂蚁BigAnt、Anychat、IBMLotus Sametime、互联网办公室.imo、腾讯EC营销即时通、中国移动企业飞信、FastMsg、蚁傲、中电智能即时通信软件等。

4. 行业即时通信

行业即时通信主要指局限于某些行业或领域使用的即时通信软件，也包括行业网站所推出的即时通信软件，如化工网或类似网站推出的即时通信软件。行业即时通信软件，主要依赖于购买或定制软件，使用单位一般不具备开发能力。

四、即时通信的安全问题

目前，即时通信的安全威胁包括ID被盗、隐私威胁、病毒威胁等，下面是即时通信用户应该遵循的一些安全准则，以保护自身的网络安全和隐私：不随意泄露即时通信的用户名和密码；不在第三方网站登录网页版即时通信软件；定期更改密码；谨慎使用未经认证的即时通信插件；在即时通信设置中开启文件自动传输病毒扫描选项；不接收来历不明或可疑的文件和网址链接。

实战演练

根据老师讲授的实训步骤，申请QQ和微信账户。

要求：1. 2人一组，进行研讨。

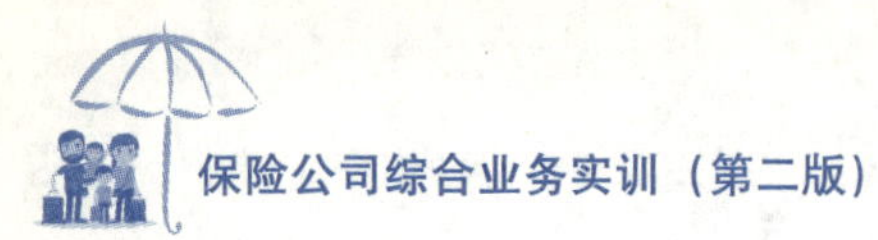

2. 学会QQ的使用，如查找用户并添加好友，给好友用户发送即时消息，传送和接收文件。

3. 学会微信账户的简单使用。

第三节　其他营销创新

实训目的

从营销学的观点出发，保险营销就是指通过挖掘人们对保险商品的需求，设计和开发满足投保人需求的保险商品并且通过各种沟通手段使投保人接受这种商品，并从中得到最大的满足。本次实训通过个案分析的方式，要求学生分析如何进行营销创新。

实训要求

要求学生掌握营销创新的含义。

每9人为一个小组，每个小组设组长1名。每小组根据案例进行分析讨论，最后派出1名代表上台发言。

最后评出“最佳营销创新营销员”若干名。

本实训应采用现场点评的方式，教师对学生发言情况进行现场评定，以加深学生印象。

本实训以考察学生对保险营销创新的理解和应用为主。训练后学生要具备营销创新的观念，拓宽营销创新的思路。

实训实施

对下列给出的案例进行分析并回答相关问题。

案例1

GEICO是美国最成功的直销保险公司。GEICO只有线上、电话等直销渠道，这让其运营成本远低于传统保险公司，从而使其可以承受比传统公司更高的赔付成本并仍然保持盈利。2015年GEICO的综合费用率约为15%，赔付率约为82%，承保利润达2%。GEICO轻人力的运营模式和数字化的营销模式是车险直销的业界标杆，为传统保险公司发展直销业务提供了重要的借鉴意义。

具体来看，直销模式极大消减了人力相关的成本。GEICO仅依托34 000名员工，即可服务1 400万份保单。而如果按照传统保险公司的运营模式，至少需要6万名员工和代理人才能完成相同的工作量。

GEICO 的数字化营销技巧帮助其近五年的保费收入年均增长高达 11%，远超 3%的行业均值。一方面，GEICO 不吝惜花费高于传统保险公司的广告费来进行赶超；另一方面，GEICO 利用极富创意的广告和颇具特色的蜥蜴作为吉祥物，在消费者心目中留下了深刻的印象。2014 年，GEICO 在美国车险市场的市场占有率达 11%，为全美第二，是名副其实的“直销之王”。

（资料来源：中国保险行业协会. 2016 中国互联网保险行业发展报告. 北京：中国财政经济出版社，2017.）

案例 2

The Climate Corporation：利用天气和农业数据，优化对农村用户的保险定价。The Climate Corporation 是一家 2006 年成立于旧金山的保险创业公司，于 2013 年 9 月被跨国农业生物技术公司孟山都（Monsanto）以约 9.3 亿美元的价格收购。The Climate Corporation 的核心竞争力就在于利用卫星数据、天气数据和其他农业相关数据，优化对农业用户的保险定价。

客户可以登录 The Climate Corporation 的网站，确定特定时间段内需要投保的地区的气温或降雨量范围。公司收到订单后，就会在 100 毫秒内综合分析天气预报、近 30 年来的国家气象局数据，以及用户所在地的地质调查数据，并根据气候变化，对分析结果进行微调。得到结果后，公司就会作为保险商，给用户开出保费。投保后，如果客户因为意外天气而受到损失，就能自动获得赔偿。

The Climate Corporation 拥有超强的数据管理及分析能力：为了给保险产品定价，平台汇总了 250 万个地点的气象测量数据、基于各个主要气候模型的天气预报及超过 1 500 亿个土壤观测记录，并对这些数据进行综合处理与分析。The Climate Corporation 的平台可以同时管理 50TB 的实时数据。

（资料来源：中国保险行业协会. 2016 中国互联网保险行业发展报告. 北京：中国财政经济出版社，2017.）

问题：

1. 给出的两个案例中营销模式的优势在哪里？
2. 结合案例分析为什么要进行营销创新。
3. 你认为应如何进行保险营销创新？
4. 根据给出的案例写一篇关于保险营销创新的论文，自拟题目，1 500 字左右。

相关知识点

一、保险营销创新的概念及分类

保险营销是保险公司为实现其经营目标和满足市场的保险需求，根据变化的市场环境，以保险为商品和被保险人的需要为目的，利用各种营销技术和策略与保险营销对象沟通，达到说服保险营销对象投保的目的的一系列整体活动。而所谓营销创新就是根据营销环境的变化情况，并结合企业自身的资源条件和经营实力，寻求营销要素在某一方面或某一系列的突破或变革的过程。在这个过程中，并非要求一定要有创造发明，只要能够适应环境，赢得消费者的心理且不触犯法律、法规和通行惯例，同时能被企业所接受，那么这种营销创新即是成功的。还需要说明的是，能否最终实现营销目标，不是衡量营销创新成功与否的唯一标准。

1. 保险理念创新

树立正确的市场营销观念。市场营销观念不仅是一个概念，更是一种经营方式，是在买方市场形态下企业成功的经营法宝，是生死攸关的战略问题。

市场营销理论自 20 世纪 80 年代才传入我国，保险界在 20 世纪 90 年代才开始实践。许多保险业内人士认为，保险营销就是业务员把保单“推销”出去；也有人认为，保险营销就是采取一系列激励手段，如业务竞赛、荣誉称号甚至丰厚佣金等促进保险产品的销售。固然，促销能直接增加保费收入，但保费不是保险营销的最终目标。保险营销的目的是在为客户提供满意服务的前提下，为保险公司赢得利润，拥有稳定的客户群，保证公司健康永续经营，形成良性循环。保险营销观念的误解，使各保险公司缺乏对现实和潜在客户的分析和评估，难以制定完整、科学的长期发展战略。

必须树立广义的服务营销观. 把服务营销观提升到战略地位。广义的服务营销观就是要确立把优质服务贯穿于产品营销全过程、企业经营全过程的观念。因为保险营销不仅是产品的营销，更是服务的营销。任何保险公司都应把客户的利益放在第一位，以客户需求为导向，各项工作始终围绕着“客户满意”这个中心运行。

2. 保险产品创新

如同任何企业一样，好的产品也是保险公司的安身立命之本。这个产品必须是能够满足消费者需要的，并且能够适应新形势的变化而不断更新的。这就需要保险公司摒弃现有的产品趋同模式，实行差异化战略，构建其核心竞争力。构建核心竞争力需要不断地进行产品创新。产品创新有三种主要方式：一是原创式创新，即从无到有，设计出一种全新的产品；二是派生式创新，即从一种产品衍生出另一种产品，或者从产品的基本功能衍生出其他功能；三是组合式创新，即将现有的产品进行重新组合，制作成一种既具有原先产品的某些特点，但又不完全等同于老产品的新型产品。原创式创新在产业发展的初期很容易做到，但随着产业的逐渐成熟，大量的创新是发生在派生式创新和组合式创新方式上。投资连接产品则是一个典型的组合式创新的例子，它将保险产品与共同基金产品“组合”在一起，形成一种兼具两种产品特征的新产品。与其他金融产品不同，保险产品承保的往往是人们忌讳的，与损失、灾害、死、伤、残等相联系的风险。保险产品忌讳性的特点使得人们在产品的购买阶段通常是较被动的，而在保险事故发生以后对“产品”又有极大的需要。保险产品的特点决定了保险服务必须真诚、及时、便捷，方便被保险人投保，及时为被保险人进行理赔给付，做好保单销售出去以后所有的售后服务等（例如提醒投保人缴费，耐心、细致地答复被保险人的咨询），这些都是保险公司基本服务的题中应有之义。如果保险公司连基本的服务都没有做到，却谈什么服务创新，那是本末倒置。如果消费者对保险的服务不满意，由此根本不购买其所谓的“创新产品”，那么，产品创新是毫无意义的。

3. 保险服务创新

服务创新是企业获取其潜在利润的保证。服务创新的内容包括提供“附加值服务”“个性化服务”“三维度服务”，但对我国的保险业来说，“服务创新”的前提是“服务归位”，即保险业首先应当做好保险的基本服务。

保险服务要积极运用创新思维，从产品、手段、渠道、内容等实现全方位的创新提升。服务才是保险业发展的未来，是保险业实现转型升级的牛鼻子。保险业比拼的是长期经营能力，只有真正获得客户服务好评的公司，才能赢得客户信任。如何真正做好保险服务，如何真正提高客户的保险服务体验，如何真正提高保险服务的内含价值，已经成为保险公司转型升级的关键。从近年来互联网销售平台的勃勃兴起，从新的业态、新的零售模式和车险服务多样化发展经验总结来看，我们认为应重点关注三个方面的内容：线上线下的融合；适应大众需要的产品和服务；精准、高效的场景化服务。以上三点内容的实现依赖于时间、空间和场景的高度统一，不仅要求保险公司具有真正做好服务的战略定力，更要求保险公司具有雄厚的资本、技术实力和高度的资源掌控力。

4. 保险公司风险管理方式的创新

风险的内涵和外延都是在不断发生变化的。例如随着社会的进步和科技手段的完善，原先不存在的风险成为新的承保对象，原先不可保的风险成为可保风险，原先小额标的、小额索赔的保单成为巨额赔款保单。在这种情况下，如果保险公司不去认真研究可保风险的特性，不进行风险管理手段的不断创新，那么，再好的产品，再好的服务，也不可能使管理风险的保险公司脱离“险境”。目前，国际保险业风险管理手段在不断创新，产生了诸如自保公司、有限风险产品、多触发原因产品、应急资本、保险风险证券化等各种非传统风险转移方式以及整合风险管理方式等。我国的保险公司应当结合中国的具体国情，认真分析资本市场、消费者的风险意识和金融意识、监管者的水平等具体因素，进行风险管理手段的不断创新。

5. 营销团队管理的创新

保险营销团队是实施保险营销计划的关键。在买方市场下，市场结构、消费动机、消费行为等都发生了质的变化，当前的营销团队管理已不适应这种变化要求，必须进行改革和创新。激励方式和“育人”机制创新营销行为和营销队伍素质直接相关，营销队伍的素质又与激励方式紧密相连。根据管理学原理，一个人具有“经济人、社会人、自我实现人和复杂人”等多重需求。随着营销人员的地位、收入、年龄等因素的变化，这四个方面也在不断变化，而目前团队的奖励大多重物质奖励，忽略了人的多面需求及其动态变化，以至于单纯的物质奖励因难以满足员工多方面需求而失效。改变这种状况的根本途径是进行奖励方式创新，变单纯的物质奖励为复合激励，把员工的物质奖励和员工的个人发展、自我价值实现等高层需求结合起来，把“制度留人”和“情感留人”结合起来，用“人本化”激励方式建立一支高素质、稳定的营销队伍。

二、互联网保险

1. 互联网保险内涵

互联网保险是新兴的一种以计算机互联网为媒介的保险营销模式，有别于传统的保险代理人营销模式。互联网保险是指保险公司或新型第三方保险网以互联网和电子商务技术为工具来支持保险销售的经营管理活动的经济行为。互联网保险，指实现保险信息咨询、保险计划书设计、投保、交费、核保、承保、保单信息查询、保全变更、续期交费、理赔和给付等保险全过程的网络化。网络保险无论从概念、市场还是到经营范围，都有广阔的空间以待发展。

2. 互联网保险创新的模式

中国人民银行金融研究所互联网金融研究中心副秘书长张晓艳将目前互联网保险的创新归为四种方式：

首先是模式创新。大致分为五类，包括官方网站模式、第三方电子商务平台模式、专业中介代理模式、网络兼业代理模式、移动互联网销售模式等。

“官方网站模式”，主要以保险公司通过自建官网展现自身品牌、展示保险产品，销售产品，提供在线咨询和服务，有代表性的是一些传统的大型保险公司，像中国人寿、中国平安等。

“第三方电子商务平台模式”，主要是保险公司借助独立于产品交易双方的电子商务网站来销售保险产品，并提供相关服务，像淘宝、苏宁易购、京东等。

“专业中介代理模式”，主要是保险代理或经纪公司建立网络销售平台，代理销售多家保险企业的产品，提供相关的服务。

“网络兼业代理模式”，主要像银行、航空、旅游等非保险企业通过自己的官网代理保险企业销售相关产品、提供服务。所销售的保险产品种类一般与这些代理机构的主业有一定的关联性。

“移动互联网销售模式”，主要是保险企业通过用户的智能手机和平板电脑等移动终端销售保险产品和提供相关的服务。

其次是产品创新。互联网保险的产品形式分为平台保险、场景保险。平台保险指在互联网平台上面销售的保险，包括传统的健康险、车险、意外伤害险等。场景保险指在消费者的生活、消费场景中融入保险产品，比较典型的有退货运费险、账户安全险、延保险等。

再次是技术创新。目前已经有保险公司推出了“区块链+航空意外险”的保险，是区块链技术应用在传统的航空意外险保单业务中的实践，也是将主流的金融资产放在区块链上进行流通的尝试。利用区块链技术多方数据共享特点，可以对航空意外险从源头追溯到客户流转的全过程，查验卡单真伪，便于后续理赔。这种技术主要是区块链应用，也是一种建立保险公司和投保人之间直接和透明关系的尝试，可在一定程度上解决保单造假、中介商抬价等问题。

最后是服务创新。目前已经有互联网保险第三方平台对用户发布“可追溯的星服务”，提供所有在线服务及电话语音记录全公开的升级服务，由用户和行业监管机构对其销售行为进行回溯。这意味着互联网保险的销售将开启消费主权新时代，能够有效减少消费的误导行为，提升整个保险行业的形象和效率。

基于互联网的保险创新是依托大数据技术和分析，根据客户个性化特点和多元化需求，有针对性地开发服务类、消费类的保险产品，真正实现了保险融入人们的生活，成为生活的一部分。总体来看，互联网的开放、透明、高效的特征正在保险行业中发挥着积极作用，可以帮助整个行业服务水平的提升。

实战演练

学生进行分组讨论，内容如下：

1. 保险营销创新的优势体现在哪些方面？
2. 如何对保险营销模式进行创新？
3. 互联网对保险行业带来哪些影响？

第四章 保险的投保和核保

第一节 保险的投保

实训目的

保险公司投保，是保险代理人在市场中寻找有保险需求或潜在保险需求的客户，勾起他们的投保欲望，最终从保险需求欲望到达成购买保险的过程。保险代理人完成业务拓展，在投保人提出要保险的需求后，经审核认为其符合承保条件并同意接受投保人申请，并给以书面形式的确定的过程是每一保险业务必须进行的程序。保险公司投保业务的流程大体相近，保险代理人为客户编制保险计划书，保户投保信息录入，包括填写投保单、基本信息。

本实训就是运用传统手工操作或保险公司承保模拟软件，掌握保险投保的主要程序、步骤。

实训要求

要求学生掌握保险书面投保单的填写。

要求学生能够熟练进行软件投保操作，熟知保险投保程序。

本实训主要是借助保险投保教学软件来操作的，所以必须在机房进行。老师给每个学生配备一台装有教学软件的电脑。每个学生根据老师所讲授的投保程序来进行实训。

老师要详细讲解操作步骤，并且在学生操作期间，针对学生出现的问题给予解答。

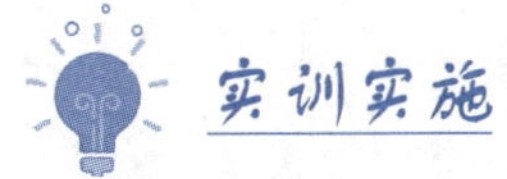

一、实训准备

首先通过软件，老师给每个学生分配一个账号，使学生利用账号登录保险投保系统。学生按照老师讲解的步骤来实施保险投保业务。

其次根据保险投保系统的各项程序操作提示完成保险的投保。

当学生全面掌握投保程序时，老师根据班级人数进行分组实训。假设本班学生 42 人，根据投保程序，将本班学生进行分组实训。每组 2 人，每人操作一个角色，共同完成保险投保工作。

老师最终和学生一起对每个小组按照完成质量、熟练程度、录入正确率这三个标准来评分。

二、文本式投保单的填写

大部分保险公司虽然已经实现电子化管理，但是仍有部分保险业务需要书面投保单，尤其是保险代理人在进行业务拓展时，这就要求保险代理人必须掌握书面投保单的填写。

［范例］

财产保险综合投保单

投保人：________　　　　投保单号码：No. ____

综合险	投保标的项目		标的坐落地址	以何种价值投保	保险金额（元）	费率（%）	保险费（元）
	特约保险标的						
总保险金额（大写）							
附加险	险别	投保标的项目	标的坐落地址	以何种价值投保	保险金额（元）	费率（%）	保险费（元）

总保险费（大写）	
保险责任期限：自　年　月　日零时起至　年　月　日二十四时止	
特别约定	
投保人兹声明上述填写内容（包括投保标的明细表及风险情况表）属实，同意以本投保单（包括投保标的明细及风险情况表）作为订立保险合同的依据；对贵公司就财产保险条款及附加险条款（包括责任免除部分）的内容及说明已经了解；同意从保险单签发之日起保险合同成立。 地　址：　　开户银行：　　投保人（签章） 电　话：　　银行账号： 联系人：　　邮政编码： 行　业：　　　　年　月　日	

上年保单号码：　　　　审核：　　　　经办：

书面投保单的填写，只需要按照实际情况填写上述各项。填写时，必须认真、书写清晰。为了便于存档，一定要选用黑色（或蓝黑色）签字笔填写。

三、保险投保业务电子化管理

现在是信息化时代，保险公司为了提高经营管理的效率，使管理更高效、有序，已经引进一整套业务、财务、人事管理软件系统，实施电子化管理。

本实训要求每个学生进入保险投保处理系统进行保险计划书编制、保险投保单的输入。本实训保险软件平台以国泰安保险公司综合业务教学软件中的财产保险机动车辆商业保险为例。

1. 进入保险业务投保处理系统

如图 4－1 所示，进入财产保险业务系统之后，选择要进入的系统——机动车辆商业保险，点击“进入练习”，进入如图 4－2 所示页面，这时候页首上的当前角色：出单员默认是出单员，我们要将“当前角色”点选为“业务员”。

图 4－1

图 4－2

在页首当前角色中选择“业务员”，进入机动车辆险的业务员展业处理系统。

然后点击 新增计划 ，页面会跳出小窗口，根据需要选择计划书的版本（标准版或者快捷版），如图 4－3 所示。进入机动车辆险的承保处理。

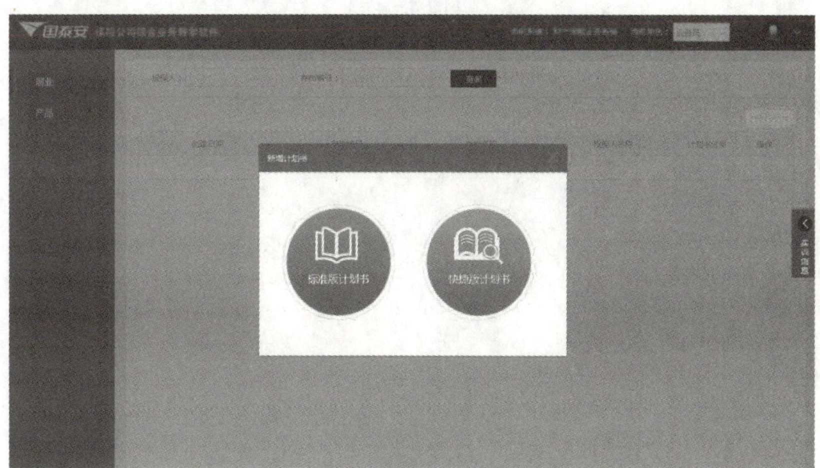

图 4－3

2. 保险计划书填写

保险计划书的填写主要有保险方案制定、选择封面、公司简介和荣誉、营销员个人资料四个项目，可以根据客户实际情况依次填写录入。

（1）保险方案制定。

在计划书填写页面（如图 4－4 所示）上，显示着计划书填写的几个步骤。首先，我们先进行“保险方案制作”项的填写，按照系统中各项内容填写，项目前加红色星号的为必填项，如图 4－5 所示。

图 4-4

图 4-5

在保险方案填写中，首先要填写“计划书存档名称”“投保人资料”“被投保人资料”“标的资料”后，点击“险种计划”进行险种选择和保额、保费的计算，如图 4-6 和图

4-7 所示。注意这里进行的保费计算只是一个初步预算，因为还没有考虑车辆的其他因素，所以并非是最终实际要交纳的保费。

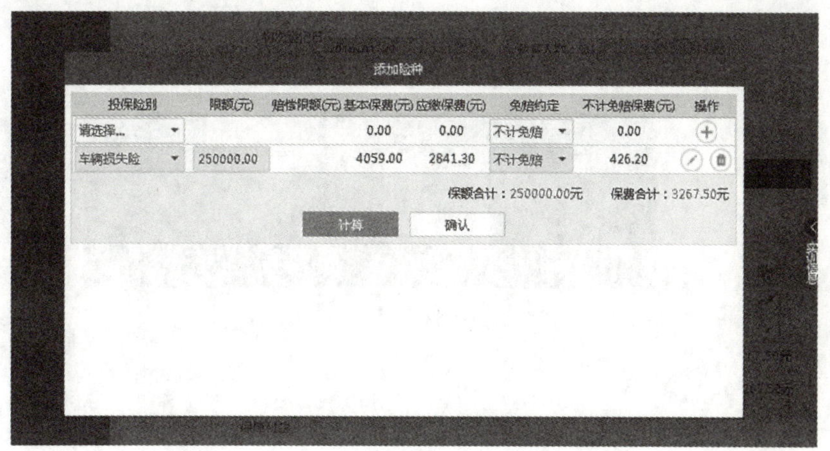

添加险种

投保险别	限额(元)	赔偿限额(元)	基本保费(元)	应缴保费(元)	免赔约定	不计免赔保费(元)	操作
请选择...			0.00	0.00	不计免赔	0.00	
车辆损失险	250000.00		4059.00	2841.30	不计免赔	426.20	

保额合计：250000.00元　保费合计：3267.50元

计算　确认

图 4-6

险种计划

*险种选择：机动车辆保险　机动车商业保险　添加险种

机动车商业

序号	险别名称	保额（元）	应缴保费（元）	操作
1	车辆损失险	250000	2841.3	
2	不计免赔特约险		426.2	

保额小计：250000.00元　保费小计：3267.50元

总保额：250000.00元　总保费：3267.50元

保障利益

商业险—车辆损失险

保险期间内，被保险车辆因碰撞、倾覆，火灾、爆炸，外界物体坠落、倒塌，行驶中平行坠落，暴风、龙卷风、雷击、雹灾、暴雨、洪水、海啸、地陷、冰陷、崖崩、雪崩、泥石流、滑坡等意外事故造成保险车辆的损失及相关的施救费用在责任限额内赔偿。

赔偿项目：

包括被保险车辆由于保险责任事故造成损坏而产生的修理费用，以及您对车辆采取的合理的施救（保险车辆失去正常行驶能力情况下托运费；在抢救过程中使用他人（非专业消防单位）的消防设备所消耗的合理费用，因抢救而损坏他人财产，应该由被保险人承担的部分；非雇佣拖车在托运途中发生意外事故，导致保险车辆损失扩大的部分）及保护措施所支出的合理费用。

赔偿额度：

根据您在事故中所负责任的大小，确定赔偿比例。

图 4-7

（2）选择封面。

平台中有封面模板，可以选择模板作为封面，也可以自行录入封面图案，只要点击页面上的“上传”按钮，按照要求上传 jpg 或 png 图片即可，如图 4-8 所示。

（3）公司简介和荣誉。

点击此项目，首先在公司简介栏目中输入公司简介内容，然后点击此栏目右上角的保存按钮即可。公司荣誉也是输入相关内容之后保存。页面如图 4-9 所示。

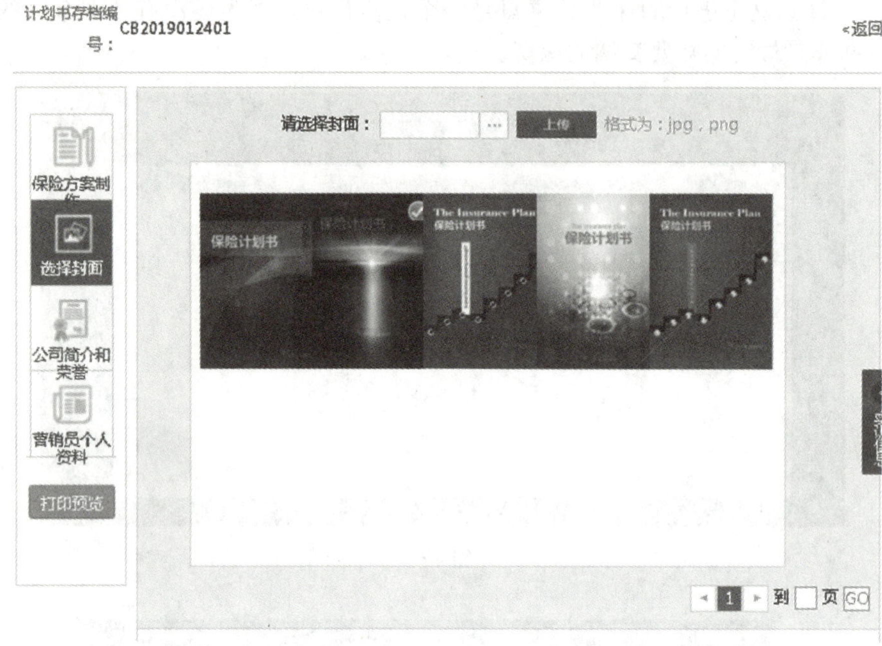

图 4－8

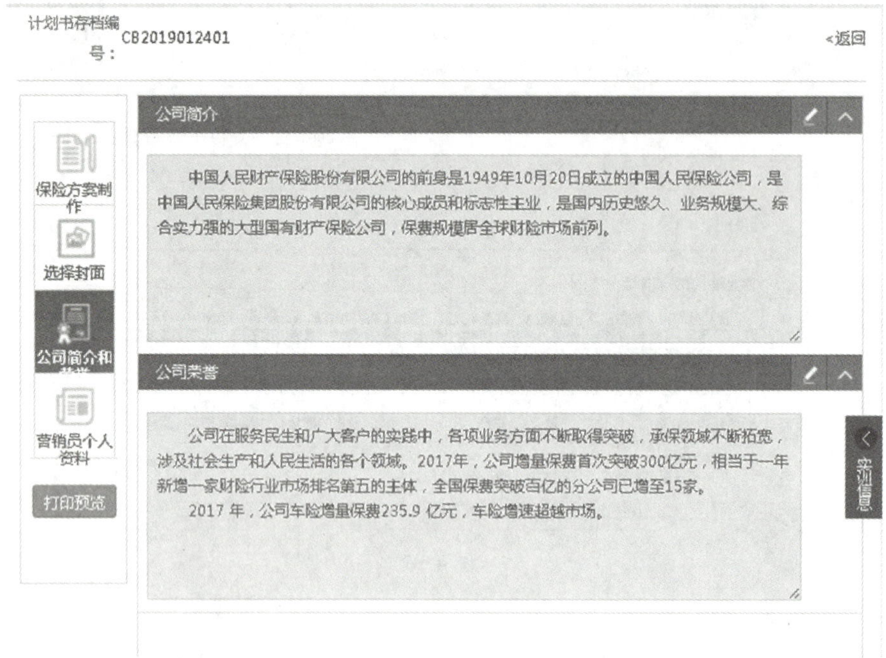

图 4－9

（4）营销员个人资料。

按要求输入营销员个人信息资料，这样方便客户了解营销员，增强客户对营销员的信任度，也便于双方联系沟通。填写示例如图 4－10 所示。

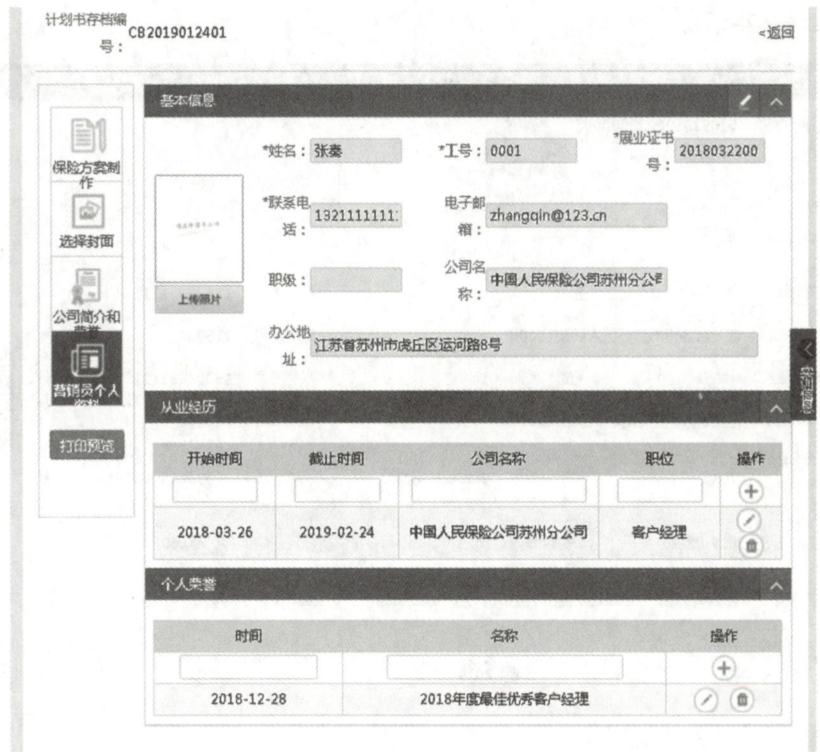

图 4-10

上述这些项目录入完成后，点击打印预览，就可以看到保险方案计划书的样本了。然后点击页面上的“当前角色”，选择为出单员，进入承保中的投保处理系统。

3. 投保录入

作为出单员，投保处理系统界面如图 4-11 所示。选择新增业务，进入投保单填写。根据前面业务员所填写的保险方案中的客户信息，依次录入“基本信息”“车辆信息”“费率系数表”“险别及缴费方式”“特别约定”，分别如图 4-12、图 4-13、图 4-14、图 4-15 和图 4-16 所示。

国泰安 保险公司综合业务教学软件
当前系统：财产保险业务系统　当前角色：出单员
承保
投保处理
单证
报表
产品
暂存　待修改　已申请核保
投保单号：　牌照号码：　发动机号码：　查询
新增业务

投保单号	投保人	投保日期	产品	被保险人	操作
未找到相关记录！					

图 4-11

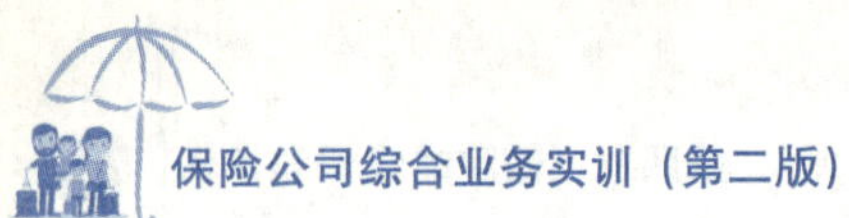

（1）投保基本信息。

基本信息

投保单号：5510320190226000003　保单号：

*业务员：学生一　保单打印方式：中文　机构部门：金融一班

*争议处理：诉讼

*投保人：个人客户　王武　*联系电话：13333331111

*地址：江苏省苏州市姑苏区人民路1000号　邮政编码：215000

*被保险人：个人客户　王武　*联系电话：13333331111

*地址：江苏省苏州市姑苏区人民路1000号　邮政编码：215000

*被保人性质：个人　*证件类型：身份证或驾驶证　*证件号码：32030419900101

签单日期：2019-02-26　投保日期：2019-02-26　保险金额：250000.00

*保险起止日期：2019-02-27 00:00:00 至 2020-02-26 23:59:59　费用合计：3991.01

录入人：学生一　录入日期：2019-02-26　*手续费比例：0.05

洗钱风险：一级客户

实训信息

图 4－12

（2）投保车辆信息。

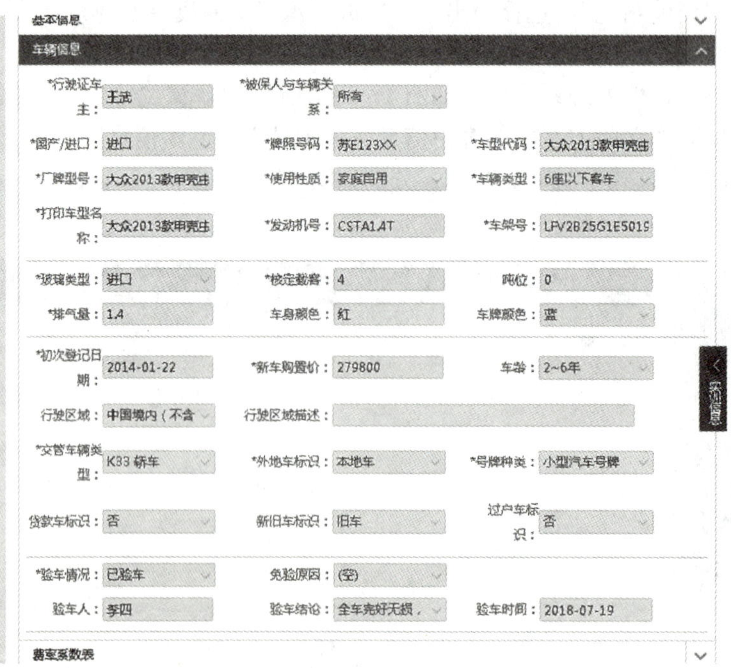

基本信息

车辆信息

*行驶证车主：王武　*被保人与车辆关系：所有

*国产/进口：进口　*牌照号码：苏E123XX　*车型代码：大众2013款甲壳虫

*厂牌型号：大众2013款甲壳虫　*使用性质：家庭自用　*车辆类型：6座以下客车

*打印车型名称：大众2013款甲壳虫　*发动机号：CSTA1AT　*车架号：LFV2B25G1E5019

*玻璃类型：进口　*核定载客：4　吨位：0

*排气量：1.4　车身颜色：红　车牌颜色：蓝

*初次登记日期：2014-01-22　*新车购置价：279800　车龄：2~6年

行驶区域：中国境内（不含　行驶区域描述：

*交管车辆类型：K33 轿车　*外地车标识：本地车　*号牌种类：小型汽车号牌

贷款车标识：否　新旧车标识：旧车　过户车标识：否

*验车情况：已验车　免验原因：(空)

验车人：李四　验车结论：全车完好无损，　验车时间：2018-07-19

费率系数表

实训信息

图 4－13

（3）费率系数表。

费率系数表

无赔款优待及上年赔款记录：004 上年发生两次及　确认费率系数

*多险种同时投保优惠[0.95-1.00]：0.95

*客户忠诚度：001 首年投保[1.0]

平均年行驶里程（公里）：003 [50000+]:

平均年行驶里程（Km）系数[1.1-1.3]：请选择

安全驾驶：001 上一年度无交通

约定行驶区域：中国境内（不含港澳

指定驾驶员：未指定驾驶员[1.0]

驾驶员性别：未指定驾驶员[1.0]

驾驶员驾龄：未指定驾驶员[1.0]

驾驶人年龄：未指定驾驶员[1.0]

管理水平系数：1

特殊材质玻璃系数：1

总体折扣：0.85

图 4－14

（4）险别及缴费方式。

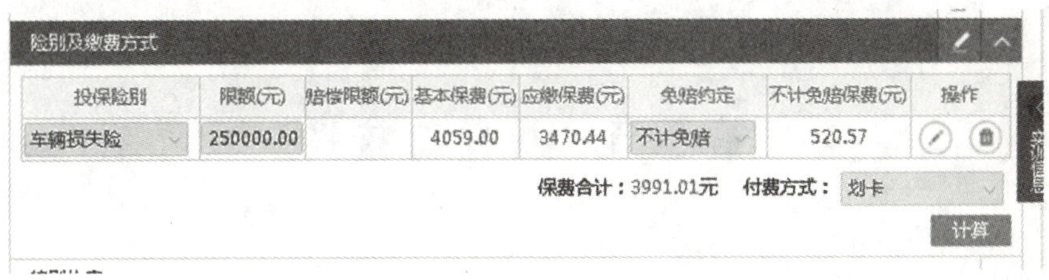

险别及缴费方式

投保险别	限额(元)	赔偿限额(元)	基本保费(元)	应缴保费(元)	免赔约定	不计免赔保费(元)	操作
车辆损失险	250000.00		4059.00	3470.44	不计免赔	520.57	

保费合计：3991.01元　付费方式：划卡

计算

图 4－15

（5）特别约定。

如果保险双方对保险标的——被保险车辆还有特别约定的话，还要进行约定录入。

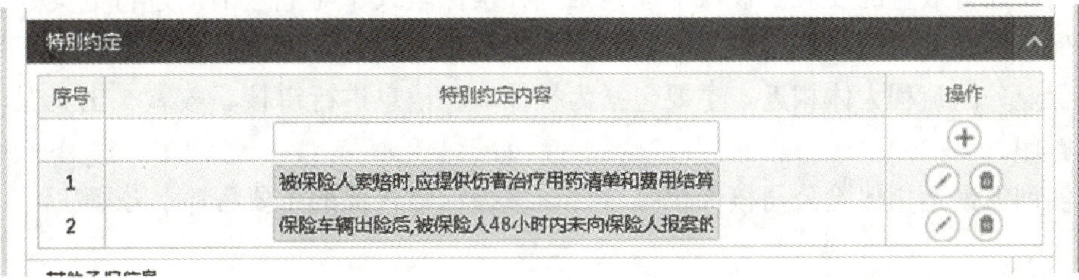

特别约定

序号	特别约定内容	操作
1	被保险人索赔时,应提供伤者治疗用药清单和费用结算	
2	保险车辆出险后,被保险人48小时内未向保险人报案的	

图 4－16

（6）申请核保。

在本案例中没有“其他承保信息”，则可以不录入。之后就点击页面下端的“申请核保”，如图 4－17 所示，申请成功后，“投保处理”界面则会显示出“待核保”，如图 4－18 所示。

图 4－17

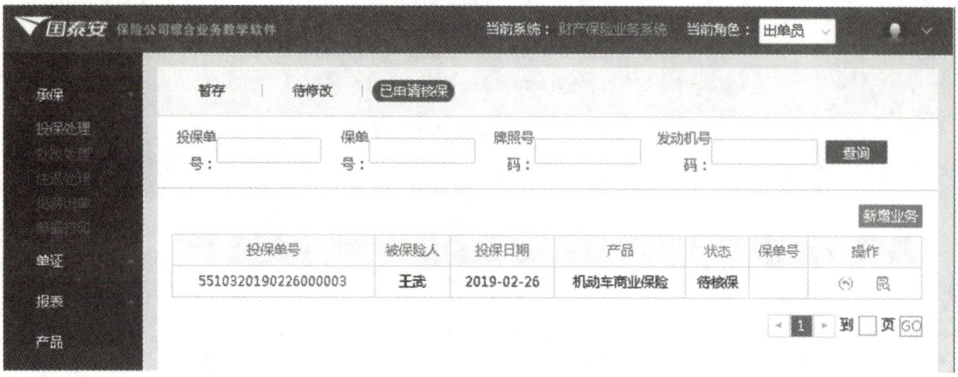

投保单号	被保险人	投保日期	产品	状态	保单号	操作
5510320190226000003	王武	2019-02-26	机动车商业保险	待核保		

图 4－18

第二节　保险的核保

实训目的

保险公司核保，是承保工作中最重要的环节。核保是避免危险的逆选择，是为了实现保险公司长远有效益的发展。核保活动包括选择被保险人、对危险活动进行分类、决定适当的承保范围、确定适当的费率或价格、为保险代理人和客户提供服务等多个方面。保险公司核保业务的流程大体相近，主要包括为投保单的信息进行审核、收款、出具保险单以及单据打印。

本实训就是运用保险公司核保模拟软件，掌握保险核保的主要程序、步骤。

实训要求

要求学生能够熟练进行软件核保操作，熟知保险核保程序。

本实训主要是借助保险核保教学软件来操作的，所以必须在机房进行。老师给每个学生配备一台装有教学软件的电脑。每个学生根据老师所讲授的核保程序来进行实训。

老师要详细讲解操作步骤，并且在学生操作期间，针对学生出现的问题给予解答。

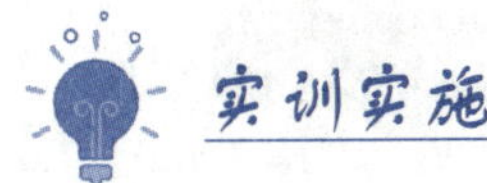

一、实训准备

首先通过软件，老师给每个学生分配一个账号，使学生利用账号登录保险核保系统。学生按照老师讲解的步骤来实施保险核保业务。

其次根据保险核保系统的各项程序操作提示完成保险核保业务。

当学生全面掌握核保程序时，老师根据班级人数进行分组实训。假设本班学生 42 人，根据投保程序，将本班学生进行分组实训。每组 3 人，按照保险核保 3 个角色，每人操作一个角色，共同完成保险核保工作。

老师最终和学生一起对每个小组按照完成质量、熟练程度、录入正确率这三个标准来评分。

二、保险核保业务电子化管理

1. 核保

前面出单员已经录入好投保单，并提交了核保申请，这时候就要进行当前角色转换，将“当前角色”选择为核保员，界面如图 4－19 所示。未经核保，出单员录入的投保单状态显示为“待核保”。作为核保员，选择操作下的，就进入了核保界面，如图 4－20 所示。

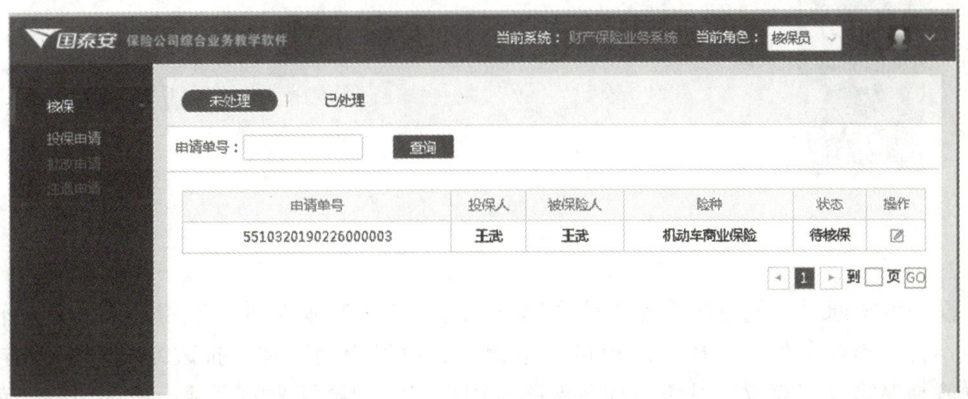

图 4－19

其实核保也就是对投保单申请所填写的“基本信息”“车辆信息”“费率系数表”“险别及缴费方式”“特别约定”“其他承保信息”进行审查、核定和选择风险的过程。如果审查核实无误后，则在“核保意见”中选择“通过”，然后点击“确认”按钮。否则选择

“不通过”退回申请，如图 4－20 所示。

已经审核通过的投保申请，在审核界面就由“未处理”事项变成“已处理”事项，如图 4－21 所示。

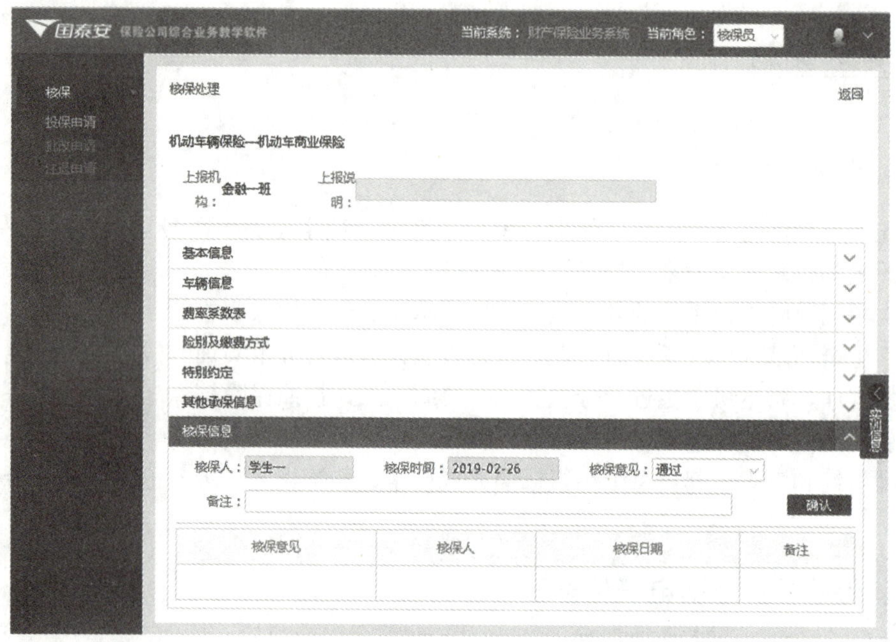

图 4－20

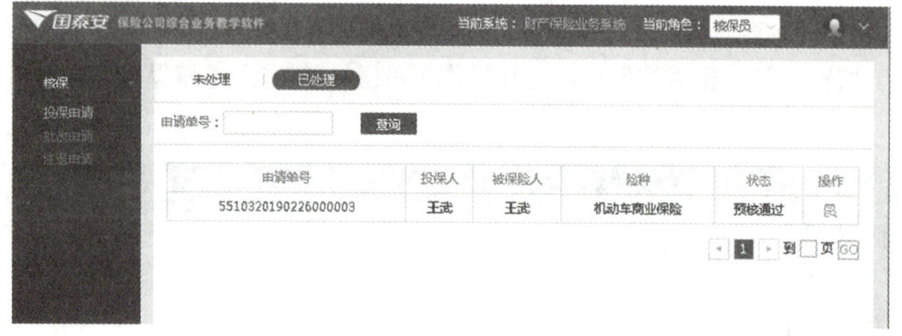

图 4－21

2. 缴费

投保审核通过，就意味着保险公司同意承保。接下来就要进行缴费环节。首先转换角色，将“当前角色”选择为出单员。缴费有“投保缴费”和“批改缴费”两种方式。批改就是保险合同双方通过协商变更保险合同内容，如果批改的事项会增加风险，就会产生费用，需要缴费。在本案例中是“投保缴费”，点击 缴费处理 ，如图 4－22 所示。之后在界面上就会多出一个窗口，确认无误后，点击“缴费确认”完成缴费，如图 4－23 所示。

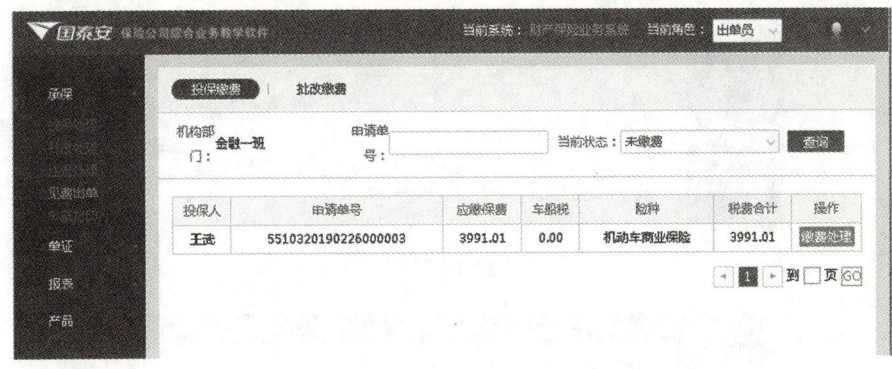

图 4-22

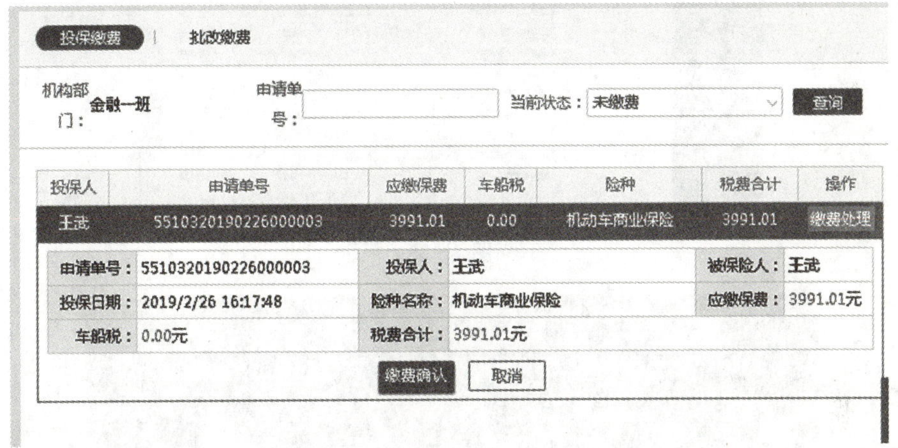

图 4-23

3. 出单、打印保险文件

保险投保程序都完成后，将填写好并生成的保险单打印出来。打印单证主要有以下几种：保险单、保险卡、强制标志和保费发票。在打印单证前，先要进行单证出库，然后才能选择打印种类完成打印。

（1）单证出库。

单证的出入库都是由单证管理员完成的。首先要转换角色，将“当前角色”切换到单证管理员身份。单证出库是对已经入库的单证进行出库使用，所以前提条件是要办理单证入库，之后再进行单证出库办理。单证出库时，在左侧业务类型中选择“单证出库”，见图 4-24。投保业务是机动车辆商业险，所以在单证类型上要选择“机动车辆商业险保单”，然后点击“查询”，就会出现目前已经入库的所有单证，点选所做业务的保单号，点击出库确认，如图 4-25 所示。之后就会跳出一个确认窗口，如图 4-26 所示，点击确认就完成了单证出库。

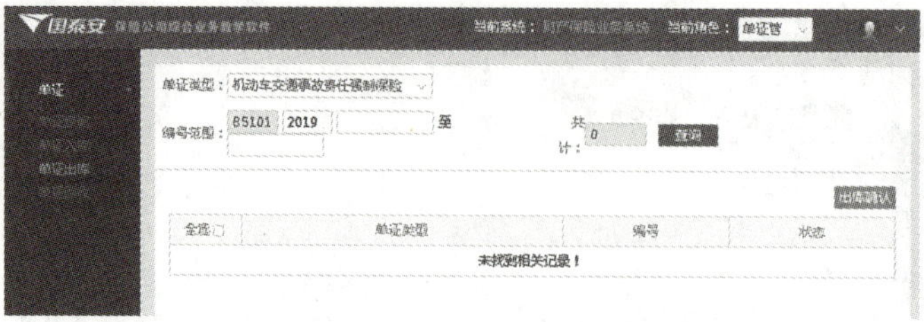

图 4 - 24

图 4 - 25

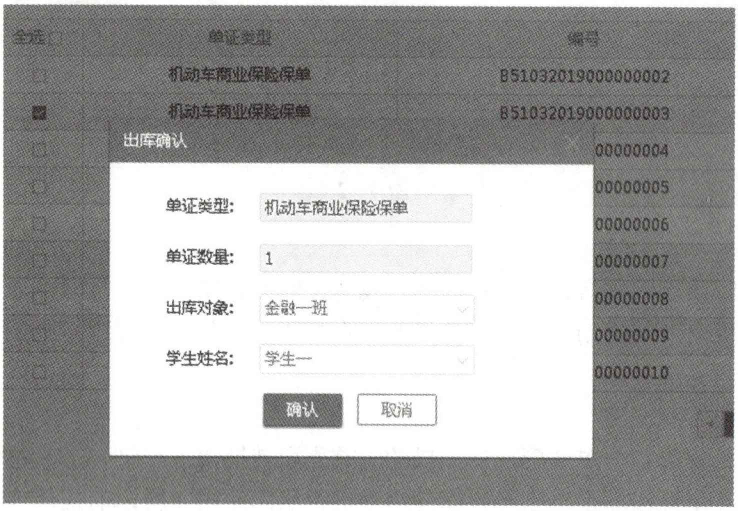

图 4 - 26

（2）单据上缴。

将电脑连上打印机，将“当前角色”切换到出单员身份。页面左侧业务栏中选择“单证”——“单证上缴”，选择好业务类型为机动车商业险保单，点击查询，就会出现业务保单，选择业务保单，点击上缴确认，如图 4 - 27 所示。跳出确认窗口，如图 4 - 28 所示，选择确认，完成单证上缴。

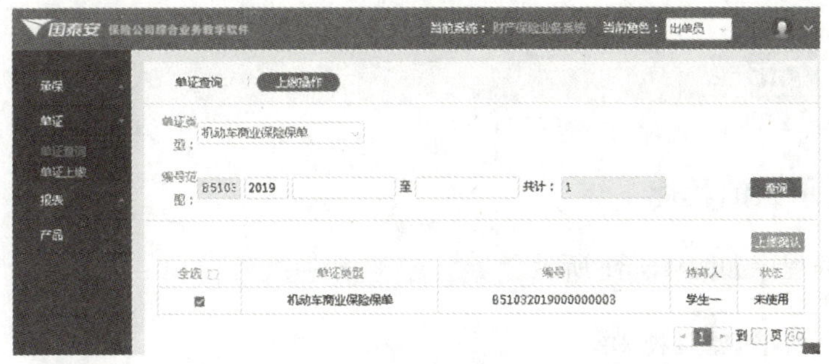

国泰安 保险公司综合业务教学软件
当前系统：财产保险业务系统
当前角色：出单员
单证查询
上缴操作
机动车商业保险保单
共计：1
查询
上缴确认
全选
单证类型
编号
持有人
状态
机动车商业保险保单
B51032019000000003
学生一
未使用

图 4－27

全选
单证类型
编号
持有人
机动车商业保险保单
B51032019000000003
学生一
上缴确认
单证类型:
机动车商业保险保单
单证数量:
1
上缴对象:
金融一班
学生姓名:
学生一
确认
取消

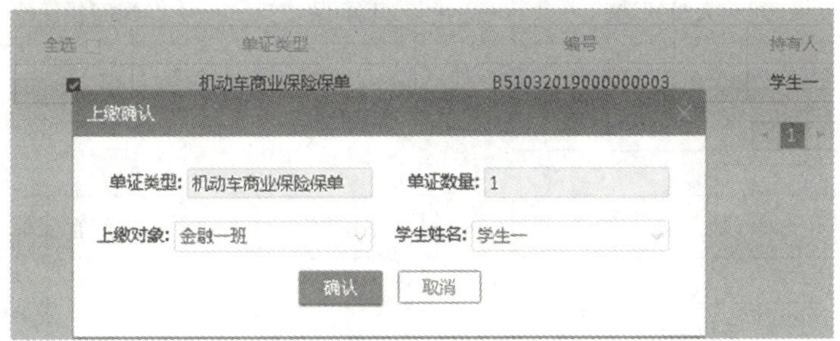

图 4－28

（3）单据打印。

页面左侧业务栏中选择“承保”——“单据打印”，选择要打印的单据，选择好打印的单据类型，如图 4－29 所示，点击“打印预览”，就会跳出打印参数窗口，如图 4－30 所示。填写好印刷号，点击打印。这样就会有保单打印出来，全部完成保险承保业务。

国泰安 保险公司综合业务教学软件
当前系统：财产保险业务系统
当前角色：出单员
承保
单证
保单
批单
保单号：
被保险人：
查询
保险单
打印预览
保单号
险种
被保险人
保费
保单印刷号
6510320190226000003
王武
3991.01

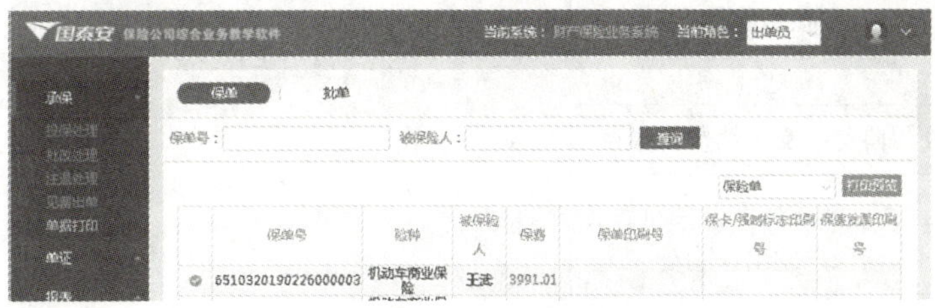

图 4－29

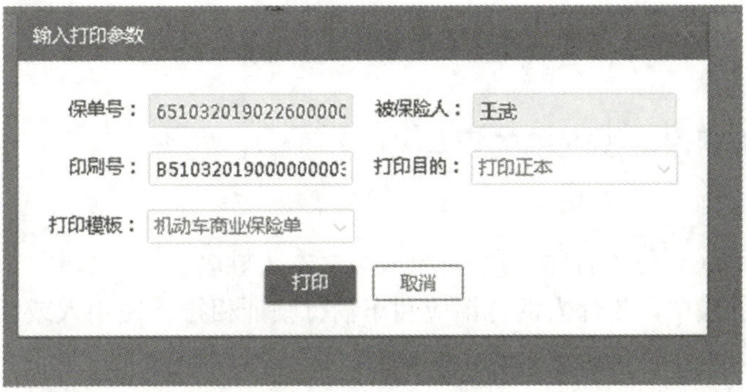

输入打印参数
保单号：
651032019022600000
被保险人：
王武
印刷号：
B5103201900000000
打印目的：
打印正本
打印模板：
机动车商业保险单
打印
取消

图 4－30

一、保险承保的程序

保险承保的程序如图 4－31 所示。

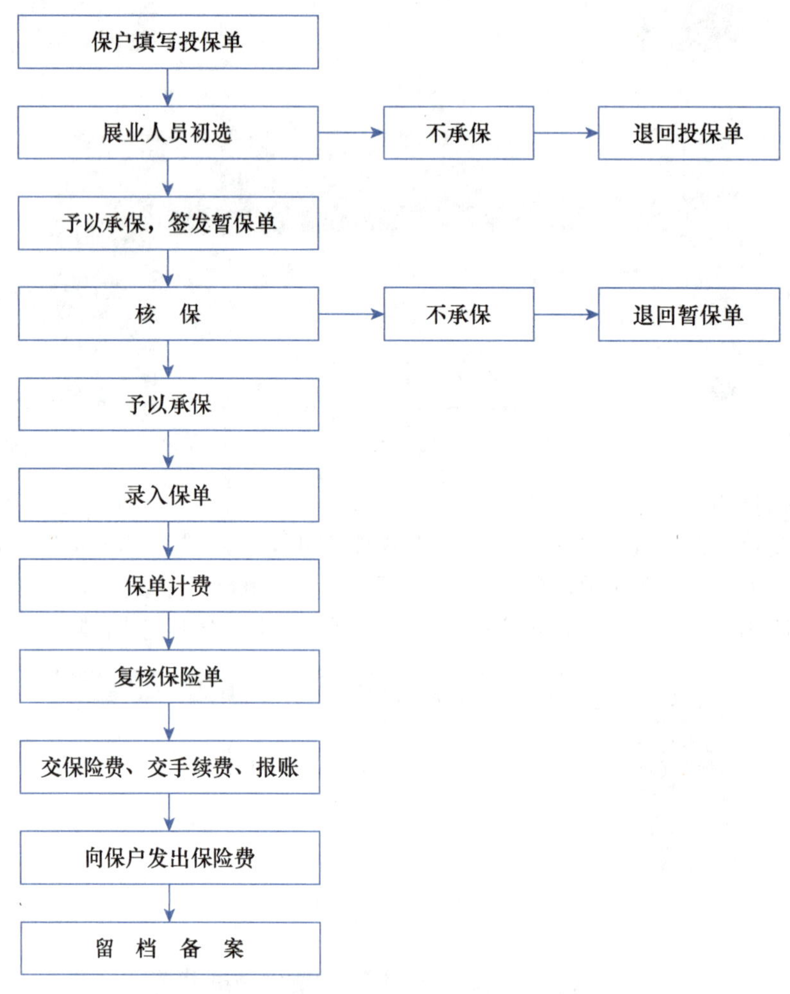

图 4－31　保险承保程序

二、机动车辆保险投保单的填写

1. 投保人

单位要写全称（与公章名称一致），个人填写本人姓名。

在机动车辆保险中，投保人的称谓应和车辆行驶证相符。使用人或所有人的称谓与行驶证上的称谓不符或车辆是合伙购买与经营时，应在投保单特别约定中注明，以便录入到保险单中。

2. 保险标的

(1) 如果是财产，要求填写投保的会计科目名称，如存货、固定资产、在建工程等。

(2) 如果是机动车辆保险，则按以下要求做：

1) 厂牌型号：厂牌名称与车辆型号。

根据1988年国家颁布的GB9417—88汽车产品型号编号规则：前面两个或三个字母是厂家代号，接着有4位数字代号，后面还可接有字母作为附加代号。

4位数字代号的第一位是车辆类别，1-载货车，2-越野车，3-自卸车，4-牵引车，5-专用车，6-客车，7-轿车，9-挂车。

数字代号的第二位和第三位，卡车、越野车、自卸车、牵引车等表示车辆总重（吨），客车表示长度（米），当客车长度小于10米时以其10倍表示，轿车以排量的10倍表示。

数字代号的第四位是企业的产品序号，由0，1，2，3……表示，如EQ2080、CA1090、TJ7100、SH7221、EQ6110等。

2) 车辆种类：根据车辆管理机关核发的行驶证上注明的种类填写。在书面投保单中是没有这项的，但是电脑签发的投保单中有。

3) 牌照号码：根据车辆管理机关核发的号牌号码录入，并注明底色，如京AH00002（蓝）。

4) 发动机号码及车架号：生产商在发动机缸体及车架上都打印有号码，根据车辆行驶证上填写就可以。

5) 使用性质：一般按照营业和非营业进行划分。

6) 吨位或座位：根据车辆管理机关核发的车辆行驶证注明的吨位或座位填写，货车填吨位，客车填座位，客货两用车填吨位/座位。如江北JBC1040客货两用可填写“1.5/6”，北京现代BH7160A可填写“/5”，东风EQ140货车填“5/”。

7) 行驶证初次登记年月：按车辆管理部门核发的车辆行驶证上“登记日期”年月填写。初次登记年月是理赔时确定保险车辆实际价值的重要依据。

8) 保险金额：

新车：按新车购置价，即按保险合同签订的购置与投保车辆同类型新车价格与车辆购置附加费之和填写。

旧车：按实际价值，旧车的实际价值通常根据使用年限折旧计算，即按投保时同种类型车辆市场新车购置价减去该车已使用年限折旧后确定的实际价值。但最高折旧金额不超过保险价值的70%，除非有书面特别约定；盗抢险、自燃险的实际价值按实际使用年限计算，不受70%的限制。

实际价值＝保险价值×(1－已使用年限/规定使用年限)

9) 计算保费：

根据车辆的使用性质、保险车辆的种类、被保险人单位性质、座位/吨位、车龄、新车购置价查出基础保费和费率。

公式一：按照保险车辆的新车购置价确定保险金额时，

标准保险费＝基础保险费＋(新车购置价－新车购置价分段起点价)× 费率

投保新增设备时，新车购置价＝保险车辆的新车购置价＋新增设备实际价值合计

公式二：按照保险车辆的实际价值确定保险金额时，

标准保险费＝足额投保时保费×(0.05 ＋ 0.95×保险金额/新车购置价)

公式三：足额投保时保费为以新车购置价确定保险金额时计算出的标准保险费

保险金额＝实际价值＝保险车辆的新车购置价×(1－年折旧率×已使用年限)

例：苏小姐将自己的捷达轿车在华泰保险公司投保“家庭自用汽车损失保险条款”车辆损失险，该车核定载客 6 人，已使用年限 5 年，已知同类型新车购置价为 18 万元。试分别计算按新车购置价确定保险金额、按实际价值确定保险金额和按投保时双方协商金额 15 万元确定保险金额时的保险费。

3. 企业信息

地址、邮政编码、电话、企业性质、联系人、开户银行、银行账号等企业信息根据实际情况填写。

4. 约定

即特别约定，这是由于对保险合同的未尽事宜双方需要协商，并在此栏注明。约定的事项应该清楚、简练。一般有两种情况需要约定：一是为减少被保人获得赔款后要求退保，在条款未对此做出明确规定前，可在特别约定栏中加注：“各种责任保险被保险人在保险期限内获取赔款后不得中途退保”，或“单保第三者责任的，在责任生效后不得中途退保”；二是第三者责任险中被允许的合格驾驶员和全车盗抢条款中按条款解释增加免赔的内容在特别约定栏内载明。

三、保险核保

核保工作是保险公司决定是否承保的过程，主要内容包括：

（1）对单证、条款、费率的审核。

（2）对保险标的、可保利益的审核。

（3）对特别约定的审核。

（4）对投保人和被保险人资信的审核。

（5）对保险标的风险的审核。

（6）对保险金额、赔偿限额的审核。

四、机动车辆保险最佳方案选择

目前，机动车保险包括 2 个基本险和 9 个附加险。在这 11 个险种中，除第三者责任险是强制性险种，其他的险种都以自愿为原则。在展业时，保险行销人应让投保人根据自己的经济实力与实际需求进行投保。以下是 5 个机动车辆保险方案，保险营销人员可以让投保人投保时作为参考，选取最适合他的险种，为自己的爱车提供安全保障。

1. 最低保障方案

（1）险种组合：第三者责任险。

（2）保障范围：只对第三者的损失负赔偿责任。

（3）适用对象：急于上牌照或通过年检的个人。

（4）特点：只有最低保障，费用低。

（5）优点：可以用来应付上牌照或检车。

（6）缺点：一旦撞车或撞人，对方的损失能得到保险公司的一些赔偿，但自己车的损失只有自己负担。

（7）举例：以价值 16 万元新车为例，投保第三者责任险一般以 10 万元为限额，因此需交 1 300 元保险费。

2. 基本保障方案

（1）险种组合：车辆损失险＋第三者责任险。

（2）保障范围：只投保基本险，不含任何附加险。

（3）特点：费用适度，能够提供基本的保障。

（4）适用对象：有一定经济压力的车主。

（5）优点：必要性最高。

（6）缺点：不是最佳组合，最好加入不计免赔特约险。

（7）举例：以价值 16 万元新车为例，车损险基本保费为 240 元，费率为 1.2%，则 240＋160 000×1.2%＋1 300＝3 460（元）。

3. 经济保险方案

（1）险种组合：车辆损失险＋第三者责任险＋不计免赔特约险＋全车盗抢险。

（2）特点：投保 4 个最必要、最有价值的险种。

（3）适用对象：是个人精打细算的最佳选择。

（4）优点：投保最有价值的险种，保险性价比最高，人们最关心的丢失和 100%赔付等大风险都有保障，保费不高但包含了比较实用的不计免赔特约险。当然，这仍不是最完善的保险方案。

（5）举例：以价值 16 万元的新车为例，不计免赔特约险按车辆损失险和第三者责任险保险费之和的 20%计算。全车盗抢险的费率为 1%，则 3 460＋3 460×20%＋160 000×1%＝5 752（元）。

4. 最佳保障方案

（1）险种组合：车辆损失险＋第三者责任险＋车上责任险＋风挡玻璃险＋不计免赔特约险＋全车盗抢险。

（2）特点：在经济投保方案的基础上，加入了车上责任险和风挡玻璃险，使乘客及车辆易损部分得到安全保障。

（3）适用对象：一般公司或个人。

（4）优点：投保价值大的险种，不花冤枉钱，物有所值。

（5）举例：以价值 16 万元的国产新车为例，如果是客车，车上责任险只需为车上人员投保，按座位投保的费率为 0.9%，按核定座位数投保的费率为 0.5%，玻璃单独破碎险按国产风挡玻璃的费率（0.15%）投保。

1）车上责任险按座位损保 50 万元：

3 460＋500 000×0.9%＋160 000×0.15%＋3 460×20%＋160 000×1%＝10 492(元)

2）车上责任险按核定座位数投保 50 万元：

$$3\,460+500\,000\times0.5\%+16\,000\times0.15\%+3\,460\times20\%+160\,000\times1\%=8\,492(\text{元})$$

5. 完全保障方案

（1）险种组合：车辆损失险＋第三者责任险＋车上责任险＋风挡玻璃险＋不免赔特约险＋新增加设备损失险＋自燃损失险＋全车盗抢险。

（2）特点：保全险，居安思危才有备无患。能保的险种全部投保，从容上路，不必担心交通所带来的种种风险。

（3）适用对象：经济充裕的车主。

（4）优点：几乎与汽车有关的全部事故损失都能得到赔偿。投保的人不必为少保某一个险种而得不到赔偿，承担投保决策失误的损失。

（5）缺点：保全险保费高，某些险种出险的概率非常小。

（6）举例：以价值 16 万元的新车为例，新增加设备损失险费率为 1.2%，自燃损失险的费率为 0.4%。

1）车上责任险按座位投保 50 万元：

$$\begin{aligned}&3\,460+500\,000\times0.9\%+160\,000\times0.15\%+3\,460\times20\%+30\,000\times1.2\%\\&\quad+160\,000\times0.4\%+160\,000\times1\%=11\,492(\text{元})\end{aligned}$$

2）车上责任险按核定座位数投保 50 万元：

$$\begin{aligned}&3\,460+500\,000\times0.5\%+160\,000\times0.15\%+3\,460\times20\%+30\,000\times1.2\%\\&\quad+160\,000\times0.4\%+160\,000\times1\%=9\,492(\text{元})\end{aligned}$$

实战演练

1. 要求学生进行机动车辆保险的投保训练。
2. 要求学生进行机动车辆保险的核保训练。

第五章 保险理赔

实训目的

保险理赔，是当被保险人因保险事故导致保险标的受损后，保险公司审核保险责任，确定受损程度，并依据保险合同的约定补偿被保险人损失的保险程序。保险理赔贯彻了保险的职能，为被保险人的财产提供坚实的保障，从而保证了社会再生产的顺利进行。为了提高经营管理的效率，为保户提供更快速、准确、及时的理赔服务，履行保险公司义务，补偿被保险人的损失，现在大多数保险公司已经实施了电子化管理，引进了一整套业务、财务、人事管理软件系统。

本实训就是通过保险公司理赔教学模拟软件，要求每个学生学会进入保险理赔处理系统，完成保险理赔的各项程序。

实训要求

要求学生能够熟练进行理赔操作，熟知保险理赔程序。

本实训主要是借助保险理赔教学软件来操作的，所以必须在机房进行。老师给每个学生配备一台装有教学软件的电脑。每个学生根据老师所讲授的财产保险理赔程序来进行实训操作。

老师详细讲解操作步骤，并且在学生操作期间，针对学生出现的问题一一给予解答。

实训实施

一、实训准备

首先通过软件，老师给每个学生分配一个账号，使学生利用账号登录保险理赔系统。学生按照老师讲解的步骤来实施保险理赔。

其次根据保险理赔系统的各项程序操作提示完成保险理赔。

假设本班学生 42 人，根据理赔程序，将本班学生进行分组实验。每组 6 人，6 人按照财产保险理赔 6 个步骤，每人操作一个步骤，共同完成保险理赔工作。

老师最终和学生一起对每个小组按照完成质量、熟练程度、录入正确率三个标准来评分。

二、保险理赔业务电子化管理

本实训保险软件平台以国泰安保险公司综合业务教学软件中的财产保险机动车辆商业保险为例。

1. 进入保险理赔业务系统

如图 5－1 所示，进入保险公司综合业务软件系统之后，在业务列表中选择要进入的系统“机动车商业保险”，点击“进入练习”，进入机动车商业保险业务系统。因为系统中进入机动车商业保险系统，默认角色是出单员，所以界面上显示的是承保的相关业务，这时候只要将当前角色转换成“接报案专员”就可以进入保险理赔程序。

图 5－1

2. 接报案

接报案专员的接报案界面，如图 5－2 所示。当有新的机动车辆保险事故发生时，点击新增报案，接报案专员将进行车险报案录入，如图 5－3 所示。根据要求依次将相关信息录入系统中，然后点击页面下端的“提交”，如图 5－4 所示。报案成功的话，界面上就会显示“已报案”，如图 5－5 所示。

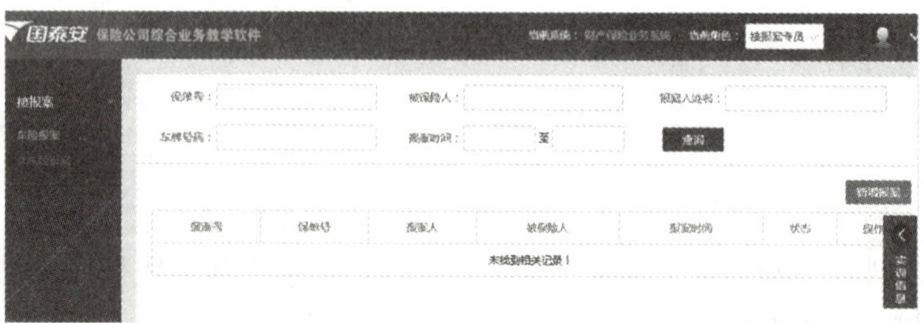

图 5－2

图 5-3

图 5-4

图 5-5

3. 车辆查勘

由于保险标的在整个保险期间都是由被保险人掌控的，所以当保险事故发生的时候，要求被保险人先向保险公司报案，保险公司出现场查勘，然后进行理赔的一系列工作。接报员接到报案后，根据报案情况，由查勘员出现场查验机动车辆承保情况，确定是否属于保险责任范围内的保险事故、发案时间是否在保险期限内、保费是否交纳、确定驾驶员以及出险地点等内容。所以要将当前角色切换成“查勘员”，进入查勘业务，见图 5-6。根据保单号可以查找到报案记录，点击操作按钮 进行查勘。

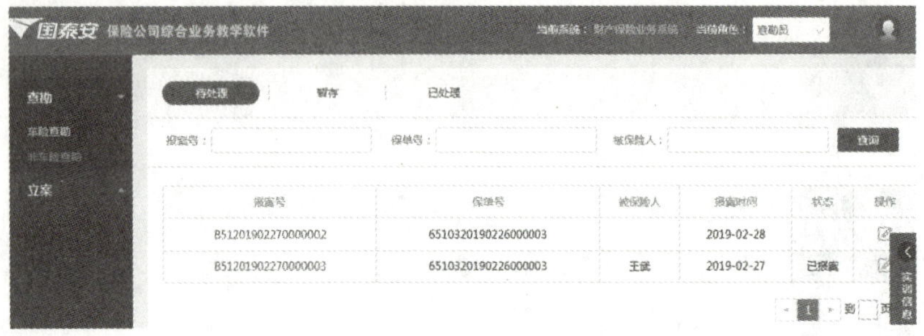

图 5-6

现场查勘主要是对“基本信息”“出险车辆信息”“查勘拓展信息”“损失信息”“查勘意见”“影像信息”等内容进行核实，并说明事故原因、损失预评，如图 5-7 所示。具体项目填写如图 5-8、图 5-9、图 5-10、图 5-11、图 5-12 所示。

国泰安 保险公司综合业务教学软件

查勘

车险查勘

立案

车险查勘处理

基本信息

出险车辆信息

查勘拓展信息

损失信息

查勘意见

影像信息

核赔信息

提交

图 5-7

车险查勘处理　　返回

基本信息

交强险保单号：　　报案号：B512019022700000C

商业险保单号：651032019022600OC　　已出险次数：1

*出险时间：2019-02-27　　*出险原因：碰撞　　*事故原因：安全间距不够

出险区域：苏州吴中区　　*出险地点：苏州吴中大道

*查勘日期：2019-02-27　　*查勘地点：苏州吴中大道越溪

*报案人：王武　　*联系地址：苏州市姑苏区

*联系方式：13333331111　　*赔案类型：一般　　*事故责任：全责

*事故处理部门：保险公司　　*第一现场：是 否　　*损失类型：非全损 全损

*查勘人1：安心　　*联系方式：13333333333

查勘人2：　　联系方式：

备注：

*查勘报告：王武驾驶标的车在吴中大道越溪镇上时未保持安全距离，为了躲避行人，左打方向过猛，导致标的车前杠刮碰绿化带，无人受伤。根据查勘情况初步判断，被保险人在本次事故中负全责。损失项目：预估损失金额为本车车损 25000。

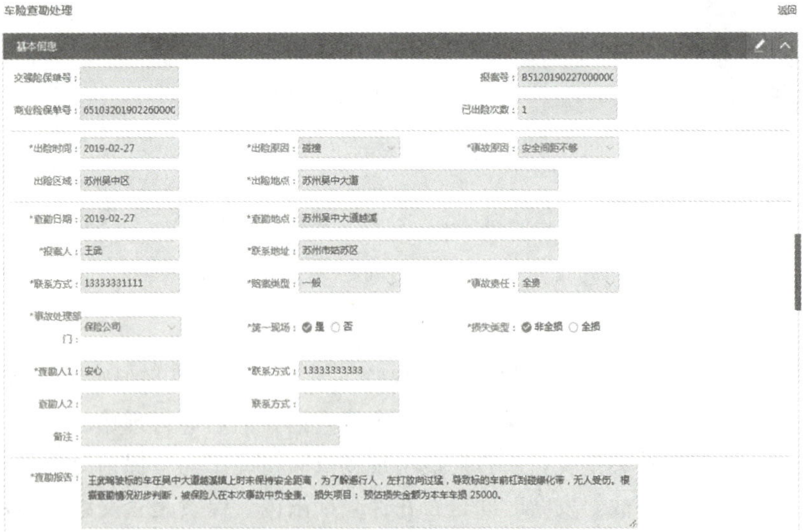

图 5-8

出险车辆信息

标的车 | 三者车

*车牌号码：	苏E123XX	*车架号：	LFV2B25G1E501	*发动机号：	CSTA1.4T
*初次登记日期：	2014-01-22	*车型：	大众2013款甲壳虫1.4ts	*行驶证车主：	王武
*驾驶员：	王武	*联系方式：	13333331111	*驾驶证号：	440123199001011103
*初次领证日期：	2013-01-22	*准驾车型：	C照		读取

图 5-9

查勘拓展信息

1	保险车辆的车牌号码、发动机号码、车架号与保单上所列明的是否一致	◉是 ○否 ○不确定
2	出险时间是否在保险有效期内	◉是 ○否 ○不确定
3	出险时间接近保险起讫期的，有无相应时间证明	◉是 ○否 ○不确定
4	实际使用性质与保单上所载明的是否一致	◉是 ○否 ○不确定
5	保险车辆驾驶员情况与报案人所述是否一致	◉是 ○否 ○不确定
6	保险车辆驾驶员的驾驶证是否有效	◉是 ○否 ○不确定
7	保险车辆驾驶员准驾车型与实际车辆是否一致	◉是 ○否 ○不确定
8	使用各种专用机械车、特种车的人员是否有国家有关部门核发的有效操作证	○是 ◉否 ○不确定
9	驾驶营业性车辆的驾驶员有无国家有关行政管理部门核发的有效操作证	◉是 ○否 ○不确定
10	保险车辆驾驶员是否为被保险人允许的驾驶员	◉是 ○否 ○不确定
11	保险车辆驾驶员是否为保险合同约定的驾驶员	◉是 ○否 ○不确定
12	保险车辆的驾驶员是否酒后驾驶	○是 ◉否 ○不确定
13	事故处理损失痕迹与事故现场痕迹是否吻合	◉是 ○否 ○不确定
14	事故是否涉及第三方人员伤亡	○是 ◉否 ○不确定 伤 0 人，亡 0 人
15	事故是否涉及第三方财产损失	○是 ◉否 ○不确定
16	事故是否涉及本车人员伤亡	○是 ◉否 ○不确定 伤 0 人，亡 0 人
17	第三者车辆是否已向其承保公司报案、索赔	○是 ◉否 ○不确定
18	是否向其他保险公司投保	○是 ◉否 ○不确定
19	事故车辆是否配置防盗装置	◉是 ○否 ○不确定

图 5-10

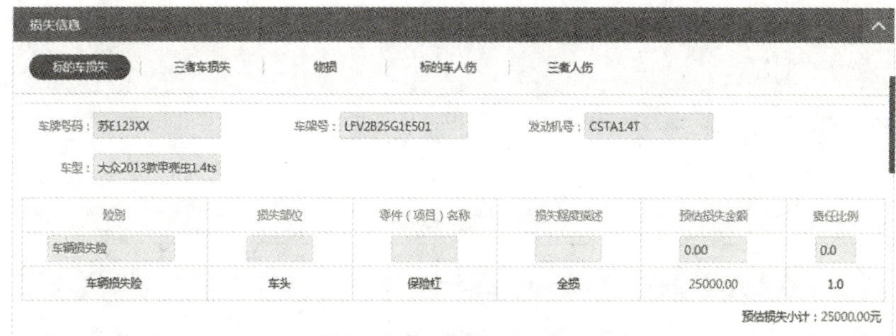

损失信息

标的车损失 | 三者车损失 | 物损 | 标的车人伤 | 三者人伤

车牌号码：苏E123XX　车架号：LFV2B25G1E501　发动机号：CSTA1.4T

车型：大众2013款甲壳虫1.4ts

险别	损失部位	零件（项目）名称	损失程度描述	预估损失金额	责任比例
车辆损失险				0.00	0.0
车辆损失险	车头	保险杠	全损	25000.00	1.0

预估损失小计：25000.00元

图 5-11

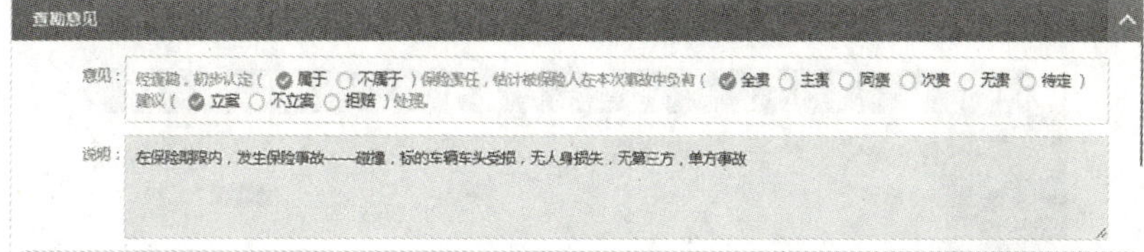

查勘意见

意见：经查勘，初步认定（◉属于 ○不属于）保险责任，估计被保险人在本次事故中负有（◉全责 ○主责 ○同责 ○次责 ○无责 ○待定）建议（◉立案 ○不立案 ○拒赔）处理。

说明：在保险期限内，发生保险事故——碰撞，标的车辆车头受损，无人身损失，无第三方，单方事故

图 5-12

在影像信息上传中，附件类型有被保险人事故原因分析报告、保险理赔调查询问笔录、被保险人身份证明等多种类型（见图 5－13），可以根据上传的资料种类进行选择，然后选择好要上传的图片文件，点击“上传”，如图 5－14 所示。上传成功后，页面将如图 5－15 所示。

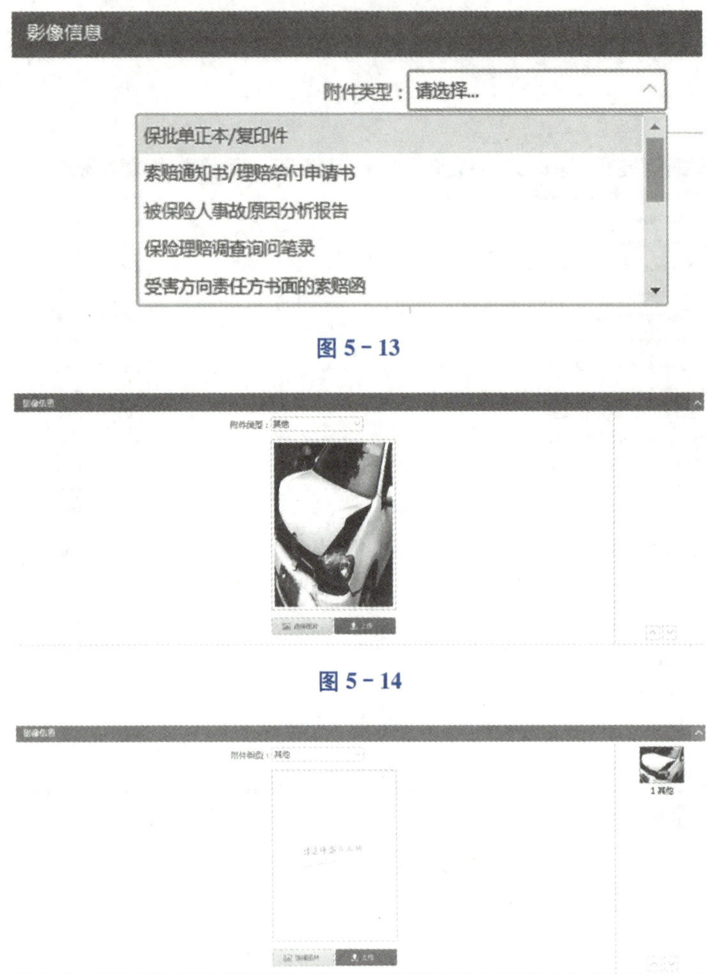

图 5－13

图 5－14

图 5－15

全部查勘信息都已经审查结束，点击页面下端“提交”，就完成现场查勘，这时页面会跳转到查勘员业务首页界面，如图 5－16 所示。保险事故对应的报案状态就显示为“已查勘”。

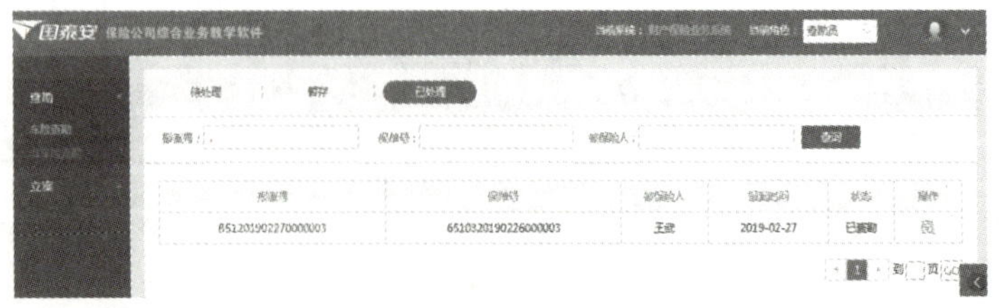

图 5－16

4. 立案

查勘员除了要进行现场查勘之外，还要进行立案的录入。查勘员通过实地查勘，最了解保险事故现场状况、保险标的造成事故原因和损失程度，所以在查勘员界面左侧，除了“查勘”业务，还有“立案”业务，如图 5－17 所示。点击左侧业务栏中的“立案”，继续点击“车险立案”，就可以看到刚才查勘的保险标的的保单的状态为“已查勘”，点击后面的操作，进行立案的录入工作，立案录入的内容相比查勘内容简单化，只有“基本信息”“损失信息”“影像信息”“核赔信息”需要录入，如图 5－18 所示。但是“基本信息”中比查勘多了一些被保险人个人信息以及收款账号等内容，有些已经在查勘内容呈灰色，就无须再次填写，如图 5－19 所示。补充填写完，确认信息无误后，点击页面下端“提交”按钮，这时在立案首页页面上，本案状态显示为“已立案”，查勘员工作完成，如图 5－20 所示。

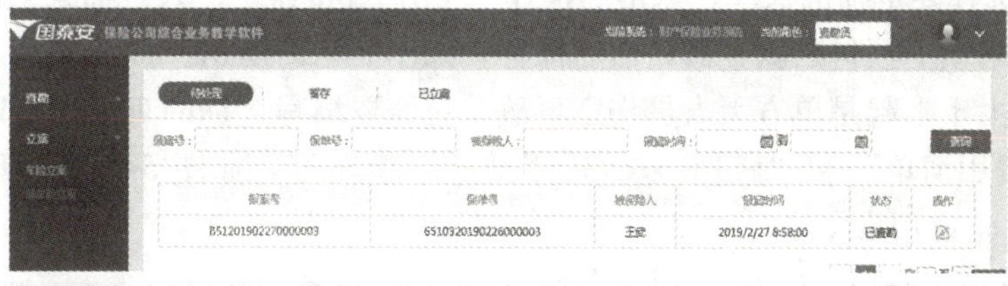

图 5－17

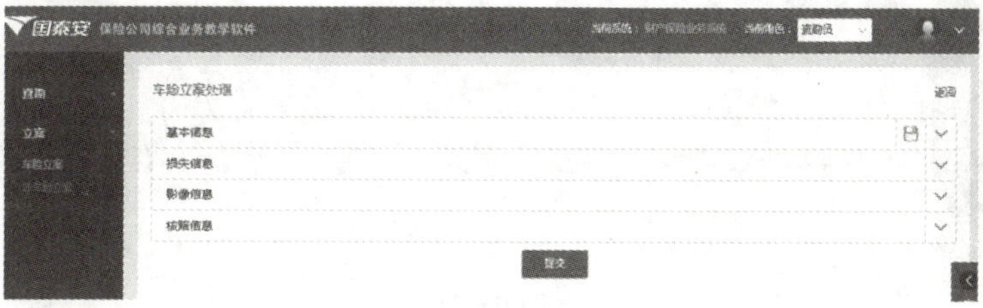

图 5－18

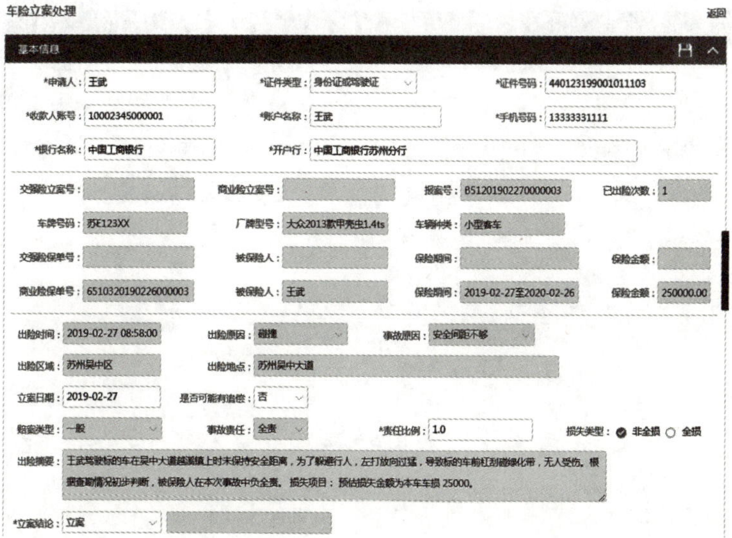

图 5－19

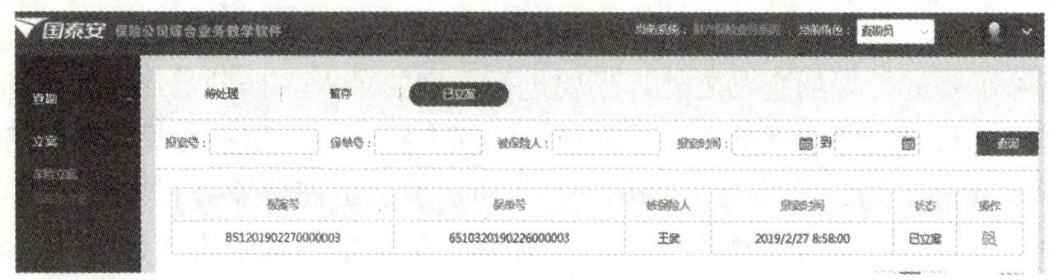

图 5-20

5. 定损

如果通过现场勘查、检验、调查后，认定事故确属保险责任承保的风险所致。那接下来就要进行定损。

将当前角色切换到“定损员”，定损页面上就会显示出已经立案的保单号，如图 5-21 所示，选择要定损的保单，点击“操作”下方 按钮，进入定损录入。首先在“基本信息”页面中填上预付赔款金额，然后保存，如图 5-22 所示。接下来是“车辆损失信息”的填写，由于本起是单方无人员伤亡事故，只需要填写“标的车损失”即可，分别将“零部件更换费用清单”和“修理/施救费用清单”填写好，如图 5-23 所示。完成定损后，界面如图 5-24 所示。

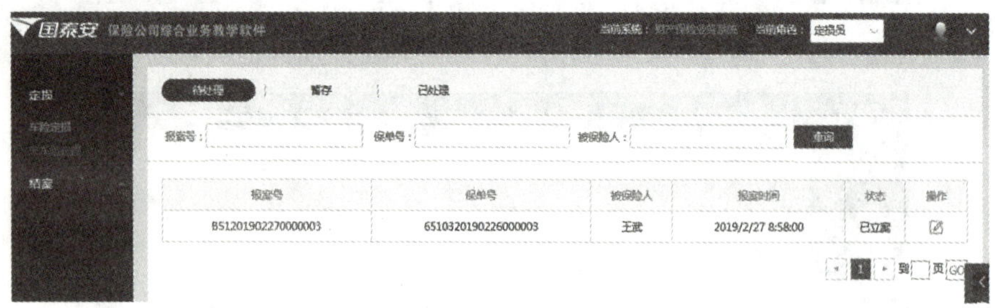

图 5-21

定损处理　　返回

基本信息

交强险立案号：		商业险立案号：	L51032019022700001	报案号：	B51201902270000003	已出险次数：	1
交强险保单号：		被保险人：		保险期间：		保险金额：	
商业险保单号：	6510320190226000003	被保险人：	王武	保险期间：	2019-02-27 至 2020-02-26	保险金额：	250000
出险时间：	2019-02-27	出险地点：	苏州吴中大道	是否第一查勘现场：	● 是 ○ 否		
查勘时间：	2019-02-27	查勘地点：	苏州吴中大道越溪				
查勘员1：	安心	查勘员2：					
交强险：	0.00 元	商业险：	0.00 元	预付赔款：	0 元	*定损时间：	2019-02-27
						定损合计：	0.00 元

图 5-22

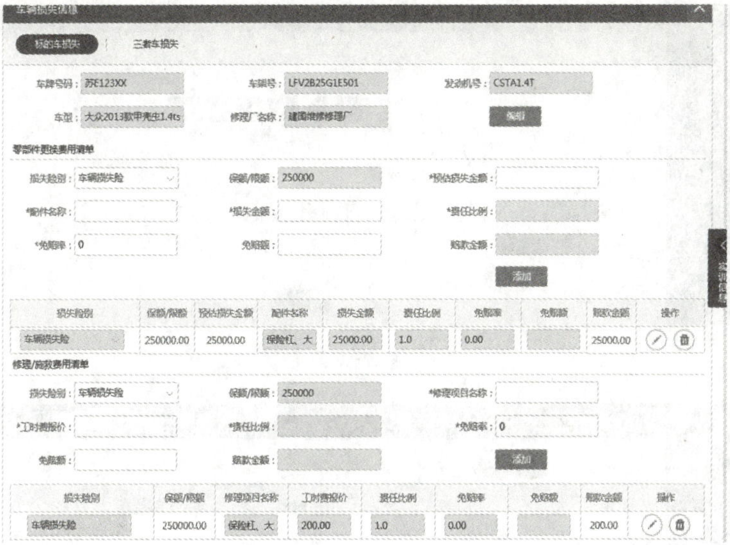

图 5 - 23

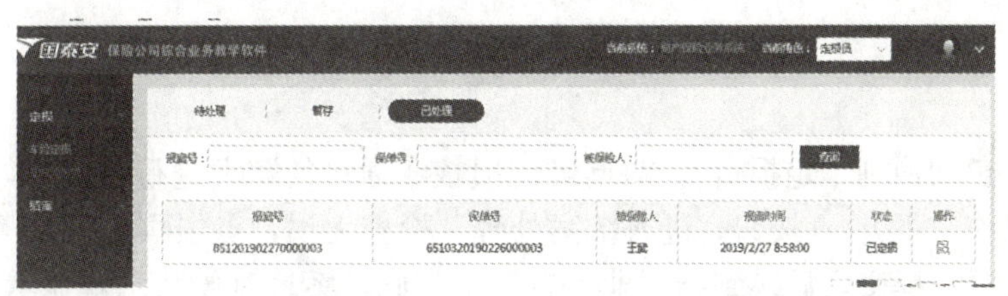

图 5 - 24

6．核赔

已经定损属于保险事故，并做出了赔款计算之后，就要报审有关人员进行复核审批。赔案的复核人员要认真对赔案的责任认定、损失审核和赔款计算进行复核，确保准确无误后交给核赔人员进行核赔，然后通过。

在系统中，首先将角色切换到“核赔员”，进入核赔业务界面，如图 5 - 25 所示。选择要审核的赔案保单，点击“操作”下方按钮，就进入“车险核赔”，如图 5 - 26 所示，复核员依次对报案信息、查勘信息、立案信息和定损信息进行审核，确认无误后，点击页面下端“确定”，完成核赔后，此赔案的状态就变成“定损核赔通过”，如图 5 - 27 所示。

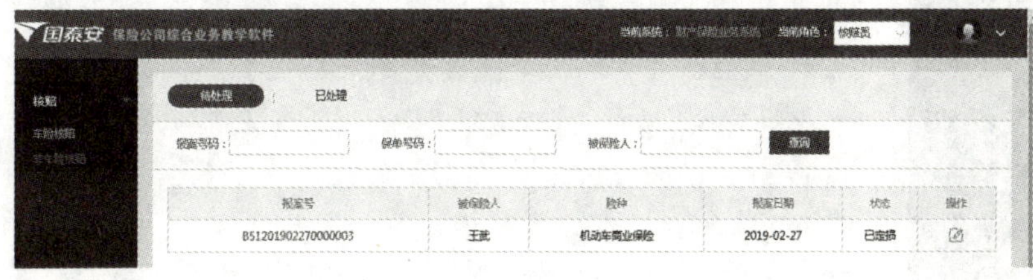

图 5 - 25

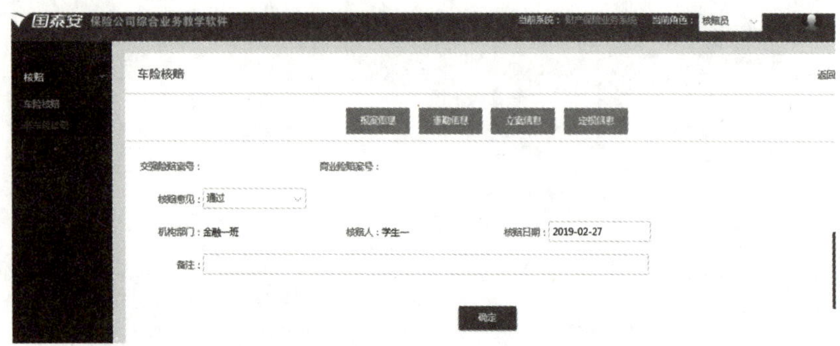

图 5-26

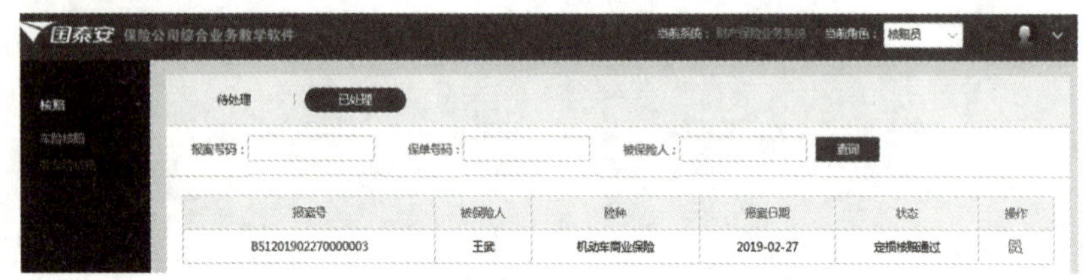

图 5-27

7. 结案

将当前角色切换到“定损员”，对已经定损核赔通过的赔案进行结案，如图 5-28 所示。点击“操作”下方按钮，进入结案处理，检查无误，点击页面下端“确认结案”，如图 5-29 所示。提交之后跳到结案业务首页上，此赔案这时候状态就显示为定损结案，如图 5-30 所示。

图 5-28

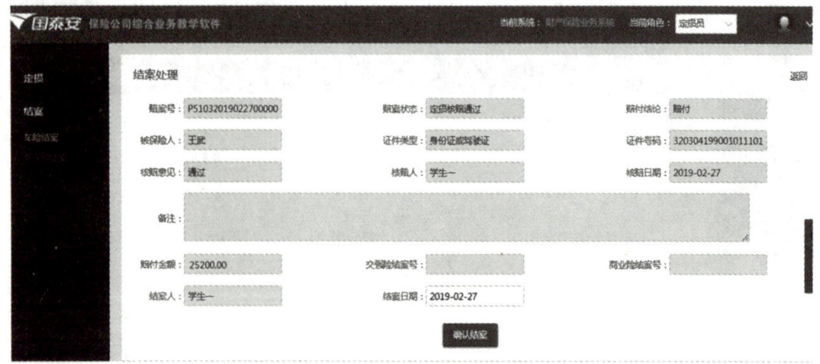

图 5-29

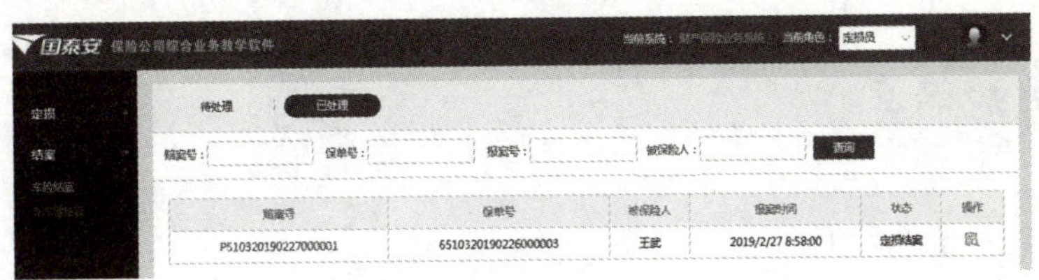

图 5-30

8. 付款

赔款结案后，相关信息单据汇总到财务部门，由财务专员进行付款，完成最终保险公司理赔工作。

首先将当前角色切换到“财务专员”，财务专员主要负责“收款”和“付款”两项业务。赔案时选择“付款”，点选“车险理赔付款”，界面上会出现定损结案的理赔案，如图 5-31 所示，点击“操作”下方 付款处理 按钮，进入最后付款业务，如图 5-32 所示。确认正确无误后，点击页面下端的 付款确认 完成付款。付款成功后，财务专员付款业务界面上则会显示此赔案是赔付状态，如图 5-33 所示。这样所有理赔业务全部完成。

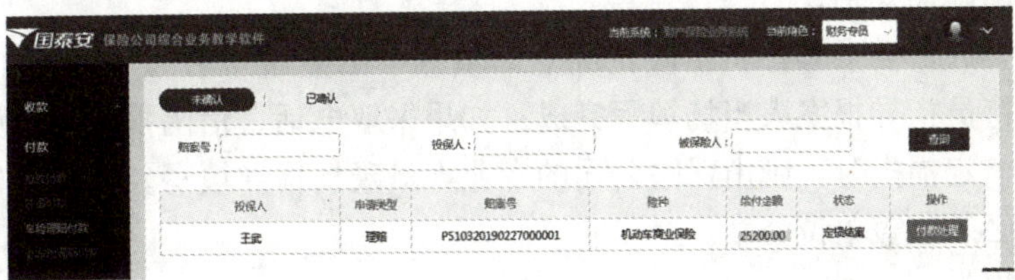

图 5-31

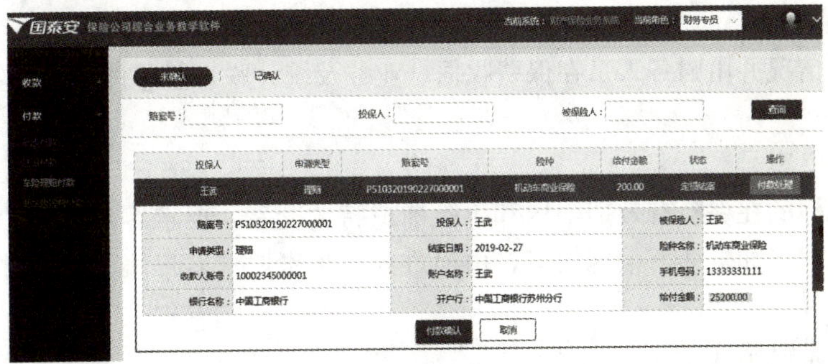

图 5-32

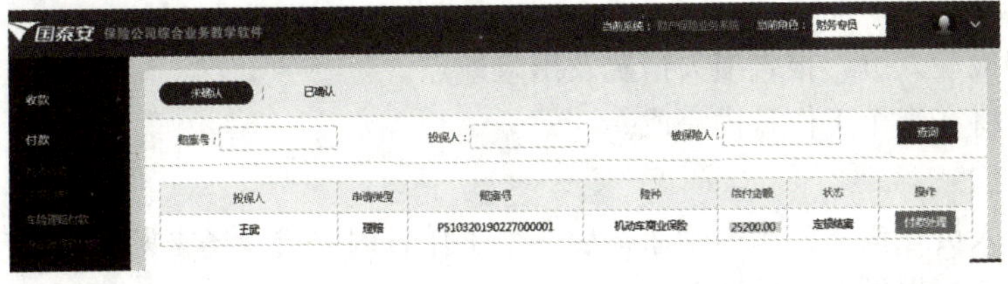

图 5-33

相关知识点

一、保险理赔的程序

1. 报案

（1）出险后，客户向保险公司理赔部门报案。

一般报案必须在保险事故发生后48小时内通知保险公司。目前报案的方式多种多样，常运用的有网上报案、到保险公司报案、电话（传真）报案和业务员转达报案四种方案。

在报案时，保险公司要向被保险人了解下列情况：

1）被保险人名称、保单号、保险期限、保险险别。

2）出险时间、地点、原因。

3）人员伤亡情况、伤者姓名、送医时间、医院名址。

4）事故损失及施救情况。

5）报案人姓名及与被保险人关系、联系电话。

（2）填写出险通知书。

内勤接报案后，要求客户将出险情况立即填入“出险通知书”。对于上门报案的，由保险公司的接待员指导报案人当场填写完成；如果采取电话、信函报案由内勤代填，但是在事故查勘和核定损失时，则由保险公司的专业人员现场指导填写。如果被保险人是单位而非个人，还必须加盖单位公章。

（3）核定损失。

内勤根据客户提供的保险凭证或保险单号立即查阅保单副本并抄单以及复印保单、保单副本及附表。

查阅收费情况并由财务人员在保费收据（业务及统计联）复印件上确认签章（特约付款须约定）。

（4）编写立案号。

确认保险标的在保险有效期限内和出险前或特约交费，要求客户填写“出险立案/查询表”予以立案（如电话、信函报案，由检难人员负责要求客户填写），并按报案顺序编写立案号。

（5）发放索赔单证。

经立案后向被保险人发放有关索赔单证，并告知索赔手续和方法（电话、信函报案，由检验人员负责）。

（6）通知检验人员，报告损失情况及出险地点。

以上工作将在半个工作日内完成。

2. 查勘定损

（1）检验人员在接支公司内勤通知后一个工作日内完成现场查勘和检验工作。

（2）要求客户提供有关单证。

（3）指导客户填列有关索赔单证。

3. 签收审核索赔单证

(1) 营业部、各支公司内勤人员审核客户交来的赔案索赔单证，对手续不完备的赔案应向客户说明需补的单证后退回客户，对单证齐全的赔案应在“出险报告（索赔）书”（一式二联）上签收后，将黄色联交还被保险人。

(2) 将索赔单证及备存的资料整理后，交产险部核赔科。

4. 理算复核

(1) 核赔科经办人接到内勤交来的资料后进行审核，单证手续齐全的在交接本上签收。

(2) 所有赔案必须在三个工作日内理算完毕，交核赔科负责人复核。

5. 审批

(1) 产险部权限内的赔案交主管理赔的经理审批。

(2) 超产险部权限的赔案应逐级上报。

6. 赔付结案

(1) 核赔科经办人将已完成审批手续的赔案编号，将赔款收据和计算书交财务划款。

(2) 财务人员对赔付确认后，除赔款收据和计算书红色联外，其余取回。

被保险人提供齐全、有效的索赔单证后，保险公司即根据条款、单证进行赔款理算，然后向被保险人说明赔偿标准和计算依据。若被保险人对赔款没有异议的，即可领取赔款。一般情况下，赔款金额经双方确认后，保险公司在10天内一次赔偿结案。

上述程序是财产保险一般的程序，对不同的保险产品，其理赔的程序及细节会有所不同。

二、财产保险理赔需要提供的文件

1. 企业财产保险、机器损坏保险、家庭财产保险

(1) 理赔需要提供的文件：

1) 保险单正本复印件。

2) 赔款收据及权益转让书。

3) 保费发票正本复印件。

4) 受损标的清单。

5) 定损协议。

6) 损失鉴定证明材料（保险标的购置发票及复印件、修理费用发票）。

7) 出险通知书。

8) 索赔报告。

9) 出险证明：

第一，因发生火灾而索赔的，应提供公安消防部门出具的证明文件。由于保险范围内的火灾具有特定性质——失去控制的异常性燃烧造成经济损失的才为火灾。短时间的明火，不救自灭的，因烘、烤、烫、烙而造成焦煳变质损失的，电机、电器设备因使用过度、超电压、碰线、弧花、走电、自身发热所造成其本身损毁的，均不属火灾。所以，公安消防部门的证明文件应当说明此灾害是火灾。

第二，因发生暴风、暴雨、雷击、雪灾、雹灾而索赔的，应由气象部门出具证明。在保险领域内，构成保险人承担保险责任的这些灾害，应当达到一定的严重程度。例如，暴风要达到 17.2 米/秒以上的风速，暴雨则应当是降水量在每小时 16 毫米以上，12 小时 30 毫米以上，24 小时 50 毫米以上。

第三，因发生爆炸事故而索赔的，一般应由劳动部门出具证明文件。因发生盗窃案件而索赔的，应由公安机关出具证明。该证明文件应当证明盗窃发生的时间、地点、失窃财产的种类和数额等。

第四，因陆路交通事故而索赔的，应当由陆路公安交通管理部门出具证明材料，证明陆路交通事故发生的地点、时间及其损害后果。如果涉及第三者伤亡的，还要提供医药费发票、伤残证明和补贴费用收据等。如果涉及第三者的财产损失或本车所载货物损失的，则应当提供财产损失清单、发票及支出其他费用的发票或单据等。

第五，因被保险人的人身伤残、死亡而索赔的，应由医院出具死亡证明或伤残证明。若死亡的，还须提供户籍所在地派出所出具的销户证明。如果被保险人依保险合同要求保险人给付医疗、医药费用时，还须向保险人提供有关部门的事故证明，医院的治疗诊断证明及医疗、医药费用原始凭证。

10）被保险人身份证复印件。

11）事故现场照片。

12）公估报告书。

13）工程预（决）算书。

14）报价单。

15）出（入）库单、发票及复印件。

16）购销合同及复印件。

17）出险之日财产状况：

第一，资产负债表。

第二，损益表。

第三，固定资产明细账。

第四，存货明细账。

第五，明细表（存货、资产）。

（2）备注：

1）委托公估公司进行财产公估的需提供公估报告书；

2）损失情况比较严重的提供工程预（决）算书；

3）被保财产涉及仓储的，提供出（入）库单、发票及复印件、盘点表；

4）投保单位经营批发的需提供购销合同及复印件。

2. 机动车辆保险理赔应出具的文件

当保险车辆发生保险事故后，投保人应立即向公安、交通管理部门，保险公司报案，应提供以下单证：

（1）申请机动车辆事故索赔一般应提供以下单证：

1）保险单。

2）出险通知书。

3）保险车辆事故证明、责任认定书。

4）有关修理费用及施救费用的发票及其清单。

5）涉及第三者财产损失、人员伤亡的还须提供医院诊断证明、伤残鉴定书、死亡证明、误工及误工费证明、家庭成员及收入状况证明、事故调解书等。

6）对部分案件，保险公司还会要求提供驾驶员驾驶证复印件和身份证复印件。

保险公司要求提供的其他单证。

（2）申请机动车辆被盗索赔一般应提供以下单证：

1）保险单正本、保险证。

2）出险通知书、公安部门出具的机动车辆被盗证明。

3）车辆行驶证。

4）保险车辆养路费缴费凭证。

5）保险车辆购置附加费缴费凭证。

6）购车原始发票。

7）保险公司要求提供的其他单证。

三、责任险事故理赔需要提供的文件

1. 公众责任险、雇主责任险、产品责任险、其他责任险

（1）保险单正本复印件。

（2）赔款收据及权益转让书。

（3）保费发票正本复印件。

（4）受损标的清单。

（5）定损协议（保险人与被保险人签订的协议）。

（6）损失鉴定证明材料（保险标的购置发票及复印件、修理费用发票）。

（7）出险通知书。

（8）索赔报告。

（9）出险证明。

1）出险当日气象证明或留取当日媒体报道（发生水灾时必须提供）；

2）消防火灾证明；

3）公安局或派出所证明（发生被盗、被抢、恶意破坏时需提供）；

4）二级以上医院证明（病历本、诊断证明、明细清单）；

5）居委会、管理处证明；

6）公安交通管理部门事故证明；

7）伤残等级鉴定证明。

（10）港口码头保卫处证明、理货证明。

（11）法院或仲裁机关的赔偿判决书或裁决书。

（12）受害者的赔偿收据。

（13）被保险人身份证复印件。

（14）事故现场照片。

（15）人身伤残照片。

（16）公估报告书。

（17）工程预（决）算书。

（18）报价单。

（19）进货单、发票及复印件。

（20）购销合同及复印件。

（21）出险之日财产状况：

1）资产负债表；

2）损益表；

3）固定资产明细账；

4）存货明细账；

5）明细表（存货、资产）。

（22）产品生产许可证。

（23）产品质量合格证。

（24）公司营业执照复印件。

（25）工资表。

（26）公司人事部门提供的全体员工名册。

2. 备注（根据案件的不同提供材料项目）：

（1）如有财产损失的，需提供标的的清单、损失鉴定证明材料，保险标的购置发票及复印件，修理明细及发票。

（2）如有人身伤害，需提供二级以上医院证明。

（3）如在街道、社区、酒店范围内发生事故的，由居委会、管理处出证明。

（4）在公路上发生事故的，由公安交通管理部门出具事故证明。

（5）在港口码头发生事故的，需提供港口码头保卫处证明或理货证明。

（6）如是产品责任险发生事故，需提供产品生产许可证、产品质量合格证明、公司营业执照复印件、资产负债表。

（7）雇主责任险发生事故的，需提供工资表、公司人事部门提供的全体员工名册。

实战演练

要求学生进行机动车辆保险的理赔程序训练。

参考文献

1. 麦德思销售顾问中心. 保险业务员销售方法与技巧. 广州：广东经济出版社，2005.

2. 盖登氏编辑委员会. 业务员入门手册. 北京：北京大学出版社，2005.

3. 尹刚. 优秀保险业务员工作技能手册. 北京：中国时代经济出版社，2008.

4. 唐志刚，刘建东. 保险营销学. 北京：电子工业出版社，2008.

5. 葛文芳. 保险营销管理理论与实务. 北京：清华大学出版社，2006.

6. 尹文莉. 保险营销技巧. 北京：清华大学出版社，2009.

7. 后东升. 保险代理业务员培训手册. 北京：中华工商联合出版社，2006.

8. 周伟. 保险产品行销技巧. 北京：清华大学出版社，2006.

9. 劳动和社会保障部，中国就业培训技术指导中心. 国家职业资格培训教程：电子商务师. 北京：中央广播电视大学出版社，2002.

10. 曾娟. 机动车辆保险与理赔. 北京：电子工业出版社，2005.

11. 冯宪民. 汽车保险与理赔一点通. 北京：国防工业出版社，2006.

图书在版编目（CIP）数据

保险公司综合业务实训/沈琳主编. --2版. --北京：中国人民大学出版社，2019.10
21世纪高职高专规划教材. 金融保险系列
ISBN 978-7-300-27292-4

Ⅰ.①保… Ⅱ.①沈… Ⅲ.①保险业务－高等职业教育－教材 Ⅳ.①F840.4

中国版本图书馆CIP数据核字（2019）第171281号

普通高等职业教育“十三五”规划教材
21世纪高职高专规划教材·金融保险系列
保险公司综合业务实训（第二版）
主　编　沈　琳
副主编　杨海波　杜婷婷
Baoxian Gongsi Zonghe Yewu Shixun

出版发行	中国人民大学出版社		
社　　址	北京中关村大街31号	**邮政编码**	100080
电　　话	010－62511242（总编室）		010－62511770（质管部）
	010－82501766（邮购部）		010－62514148（门市部）
	010－62515195（发行公司）		010－62515275（盗版举报）
网　　址	http：//www.crup.com.cn		
经　　销	新华书店		
印　　刷	北京昌联印刷有限公司	**版　　次**	2010年7月第1版
规　　格	185 mm×260 mm　16开本		2019年10月第2版
印　　张	9.75	**印　　次**	2019年10月第1次印刷
字　　数	223 000	**定　　价**	29.00元